U0100448

大展好書　好書大展
品嘗好書　冠群可期

中華傳統武術 3

梁派八卦掌（老八掌）

李子鳴／遺著　裴錫榮／整理

大展出版社有限公司

《中華傳統武術》叢書
編委會

董海川　　　　　　　　梁振蒲

李子鳴先生（右三）1988 年在新加坡教授梁派八卦掌時與學員合影

李子鳴習武照

總　序

　　中華民族有著燦爛的文化寶庫，武術是其中一顆璀璨珠璣。悠久的中華傳統武術文化，爲保家衛國、強身健體、祛病延年作出過極大貢獻。縱觀歷史長卷，溯自黃帝時代就有了「干」與「戈」，軒轅皇帝乃習用干戈以征不享（《史記·五帝》），殷、商、周時代便有了角門（《周禮·月令》）。秦興角斛，漢有手搏，隋唐、兩宋興武舉、協武校（《唐書·選舉志》《宋史·選舉志》）。元、明、清時代武術較爲普遍盛行。隨著歷史文化的發展與社會制度的更迭，武術在這漫長歲月裡，幾經盛衰，走過了一段曲折的路程，表現出了頑強的生命力。

　　中華傳統武術文化首次在世界人民面前亮相，是在1936年德國柏林召開的第十一屆奧林匹克運動會上。當時中國派出了武術代表隊，由前中央國術館組隊並邀請鄭懷賢武術教授共同參加了奧運大會。在會上中國武術隊表演了「武當劍法」「叉術」及傳統徒手套路等精彩節目，爲本居奧運會增添了嶄新的花絮，給各國運動員和觀衆留下了印象。會後代表隊又在漢堡等地做了多場巡回演出，受到了德國人民的友好稱讚。

　　1949年，中華人民共和國宣布成立，給中華傳統

武術帶來了春天般的勃勃生機。武術運動在黨和政府的關懷下，得到了迅猛的發展。中華武術不僅成爲人民大衆強身健體的鍛鍊項目，而且已經走進了亞運會的殿堂。傳統武術的挖掘、整理工作也取得了顯著成果，出版的武術書籍如雨後春筍，對我國武術事業的繁榮起了承先啓後的作用。

中國武術拳種繁多。世界各國的武術社團及武術愛好者，相繼來到中國學習中華武術和交流取經；中國的武術運動員、教練員也不斷走出國門，參加國際武術比賽傳授武術，進行各種武術文化交流。武術源於中國，屬於世界。1990 年「國際武術聯合會」順應武術蓬勃發展的形勢而成立。中國武術正邁向奧運。

中華傳統武術文化是一種以人爲對象的人文科學，它集健身祛病、技擊攻防和自娛娛人等藝術價值爲一體，匯東方文化於一身，具有獨特的研究價值。它不僅是一種形體鍛鍊和精、氣、神的內在運動，更是一種精神陶冶。

時逢盛世，全面、深入地整理、繼承和發揚中華傳統文化遺產，吸取其精華，推陳出新，是歷史賦予我們的使命。爲此我們編輯了《中華傳統武術》叢書。

本書收入了各家各派的武術優秀拳械套路，可謂百花齊放，四海一家，我武維揚，是爲序。本套叢書預計包括：

（一）中華古今兵械圖考

（二）武當劍

本書在編寫過程中，承蒙上海市武術協會、上海武術院、上海市氣功科學研究會的大力支持，在此表示謝意。

《中華傳統武術》叢書編委會

目　錄

整理編輯者的話

　　八卦掌越來越深受廣大群眾的愛好。介紹
八卦掌的出版物也不算少，而作爲八卦掌的嫡
傳弟子一代名師李子鳴先生的著作卻未面世。
現徵得李子鳴先生夫人綫起華女士的同意，將
我師李先生的遺作《梁振蒲八卦掌》整理編輯
公開出版，以滿足廣大八卦掌愛好者的需要，
促進八卦掌的進一步發展。

　　　　　　　　　　　　　　　裴錫榮
　　　　　　　　　　　　　　　於上海

李子鳴先生爲所著內部教材
《梁振蒲八卦掌》所寫的前言

八卦掌是我國內家拳的一種，是優秀的民族文化遺產。關於介紹八卦掌的書籍到目前爲止還不多。中華人民共和國成立以前，雖然出版了幾本，但由於年代相隔已久，加上當時印數又少，到現在爲止已寥寥無幾。中華人民共和國成立以後，由於黨和政府對武術運動的重視和提倡，召開了多次武術觀摩大會，也出版了不少武術書籍，但關於八卦掌的書籍卻只出版了姜容樵先生著的《八卦掌》。

現在八卦掌運動已遍及大江南北，八卦掌愛好者也越來越多，僅靠姜先生的一本書來介紹八卦掌這一優秀的武術運動遠遠不能滿足廣大八卦掌愛好者的需要了，需要作更全面的介紹，爲此，特編寫了梁式八卦掌，以供初學八卦掌者參考。

我寫這本《梁振蒲八卦掌》目的，主要是爲了使八卦掌這一運動更爲蓬勃發展，發揚光大，增進人民的健康，振興中華。同時也爲了紀念八卦掌在北京的創始人董海川先生和我師梁振蒲先生。因此，毫不保留地將我六十多年鍛鍊八卦掌的經驗寫出來，介紹給愛好八卦掌的同好們，做個拋磚引玉的嘗試。希望同

好們能寫出更加完善的八卦掌的作品來，從而使中國的這一優秀的武術遺產能永久地流傳下去。由八卦掌鍛鍊使人們達到還精補腦，袪病延年，健康長壽，更好地爲中國作出貢獻。

董海川先生傳授下來的八卦掌三十六歌和四十八法訣是鍛鍊八卦掌的指南針，是武術的寶貴精華。從前由於門戶之見，流派之分，以及保守思想作怪，是不輕易傳人的，現在我全部抄錄出來公諸於眾並加注釋，使學者易於掌握八卦掌運動的要領。

本書由於作者的學識水平有限，在理論上以及文學上難免有不全面和錯誤的地方，誠懇地希望讀者提出批評和指正。

本書在編寫過程中承無錫市范震遠先生協助整理和九江市張修林先生幫助寫練功動作說明，特此一併致謝。

李子鳴於北京
1982 年春

第一章

總　論

八卦掌是怎樣一種拳術

　　人類要與自然界和疾病作搏鬥，要與入侵的敵人作抗爭，就必須有一種方法和技術。我國人民在長期的奮鬥實踐中創造和發明了武技拳術，簡稱武術。由於武術是健身防身的好方法，又是古代抵抗外侮和反擊侵略敵人的技能，因此，它便成為我國光輝燦爛的文化遺產之一。

　　武術有著悠久的歷史，而且內容豐富，種類繁多，流派林立，但概括的劃分，只有內家拳和外家拳兩大類。

　　所謂內家拳，除了與外家拳一樣要練好本領和身體，除在鍛鍊和與人對手時要表現出外部的技擊作用外，還要在身體內部結合練氣。

　　武術家有一句諺語：「外練筋骨皮，內練一口氣。」也就是把道家的「導引吐納術」和武術結合起來，透過氣功的鍛鍊促進武功的加深；又由武功的鍛鍊促進了氣功的提高。由於內外兼修，使內功與外功

都得到高度的發展。這樣既鍛鍊了身體的筋骨，又鍛鍊了氣和勁，加強了體內臟腑的功能，漸漸改善了身體的素質，從而增強身體健康。因此，它長期以來成為養生長壽的良好方法。

內家拳分為太極拳、形意拳和八卦掌三種。而八卦掌在中國武術史上是最後發展起來的一種拳術，它從何時開始，是什麼人所創造，由於缺少歷史記載已無從考證，只知它是我國道家在長期鍛鍊過程中選擇了各種拳術的優點創造發明的。

在清朝時代，董海川先生是第一位在北京收徒傳藝的，至今已有一百多年的歷史了，八卦掌發展的時間雖然不太長，但由於它動靜結合、剛柔相濟，在內功外功的實效上都有獨到之處，是非常優秀的拳術，所以深受廣大人民群眾歡迎，無論男女老幼都適合練習。

它不僅在我國大江南北得到蓬勃發展，而且傳到了亞洲、歐洲和美洲等世界各地。1982 年董海川先生遷墓，海外弟子紛紛資助，表示他們對創始人的緬懷之情，同時也顯示了八卦掌運動對於人類疾病作搏鬥以及促進人們的健康長壽確實作出了巨大的貢獻。

八卦掌命名的由來

要知道八卦掌這一名稱的由來，必須先認知一下

八卦圖，有先後天八卦合一圖。

什麼為八卦：乾、坎、艮、震、巽、離、坤、兌，這八個字即為八卦。《周易》裡有六十四卦，八卦掌內有六十四路招法。

八卦就是根據周易之理創造發明的。在運動時它必須走圓圈，按八個方位進行，所謂四正步四斜角是也。在走轉時又是要上靜下動，發勁時必須剛中有柔，柔中寓剛，全身上下虛實分明，擰成一股勁。

當時董海川先生只教八個式子（即八大掌或稱老八掌），又合乎八卦之教和方位，它的變招換式又暗含著八卦的數變，在對敵或與人交手時，對方隨時可變招換勢，手勢不一，我也就應當以變應變，與之周旋。八卦掌是用走圈的形式不停地轉圈，在轉圈時不停地變換招勢。

一、左旋右轉是練八卦掌的基本功

二、一切氣功和功力都是由走轉而得來的

這種轉圈換勢八卦掌運動的獨特形式，雖然是由對敵作戰的戰略戰術來決定的，但它的走動原理來自八卦的方位和數變之理。八卦掌之名便由此產生了。

由於八卦的招數千變萬化使人莫測，因此，一提起八卦掌，人們便說，八卦掌有八八六十四掌，三百八十四掌，其實八卦掌只有八掌，它和八卦只有八個

符號一樣。人們之所以說有那麼多掌，是因其動變的關係，即隨機應變的關係，使人感到其招術之多而難於應付所產生的說法而已。

由於八卦掌腳不停地走轉好像遊龍一般，變化多端的變招換勢又像鷂鷹一樣敏捷，轉身出招又好比猿猴一樣的靈活，顯得形象優美，輕而不浮，沉而不滯，是一種理想的體育活動。無怪乎受到廣大人民群眾的愛好，不僅傳遍中國各地，而且遠傳至亞洲、歐洲以及美洲等世界各國。

第二章

八卦掌的特點

八卦掌的走圈與步法

八卦掌是內家拳的一種。八卦掌的第一個特點是走圈。走圈是八卦掌的根本大法。是練八卦掌最重要的基本功。

梁振蒲先生曾說:「八卦掌的走圈是從自然中明悟出來的,由走轉的方法取得鍛鍊的效果。所以初學者開始必須先以走轉練腿為基礎,從而達到練功的目的。」因為只有練好腿功,才能練好內功,沒有腿功,也就沒有內功。

武術界有句諺語:「練拳不練腿,到老是個冒失鬼,練拳不練功,到老一場空。」只有經過長期刻苦鍛鍊走圈,下盤才能穩固,走起路來既快速又沉穩,練到爐火純青的時候,才能掌握人體生理發展規律,促進新陳代謝作用,改善身體素質,提高健康水準。

八卦掌不僅是養生之道,長壽之要訣,而且也是克敵制勝的好方法。因為在和對方交手時,由於自己不停地走動,這在戰術上已是處於優勢的地位,當需

要變換步法的緊要關頭，腿腳就起到了運動戰的重大作用，再加上運掌的快速多變，既能攻又能守，兩者都包括在不停的「動」之中了。

連續作戰不怕疲勞的精神和周而復始與對方周旋到底的毅力，是戰勝對方的神機妙法，所以只要練好走圈這一基本功，交手時可根據對方的來勢，既可以正取斜，也可以斜取正，就是引人入空，從而戰勝之。

鍛鍊走圈時要注意以下各點：

一、走圈的大小和多少，向左走或向右走，都沒有限制，由自己來決定。但初練者以八步一圈為宜。開始走圈時越慢越好，因為慢走時可加大腿部的運動量，容易練出功來。

二、講究方位。當與人對手時，我處於主動地位，就要記住自己的方位，才能不迷失方向，以便利用走圈的左旋右轉和右旋左轉，不時變換方向，來迷惑對方，使其手足失措，從而導致失敗。而自己由於經過長期鍛鍊就不會感到頭暈目眩，反而能從動轉中尋找對方的弱點，乘機攻之，就可以取勝。

三、要忌站住不動。歌訣四十八法「混元一氣走天涯，八卦真理是吾家。步步不離腳變換，站住即為落地花」。八卦掌的走圈忽東忽西隨著走圈的變化，掌法、步法和身法也隨之變換，其戰術是拖住和迷惑對方，方法就是「動」和「走」，假如站著不動，便

成為落地之花而任人踐踏了。這是違反八卦掌變動原則的。

四、走圈時要做到「周身擰成一股繩」，才能在走轉換招、變成運掌時得心應手、運用自如。

關於走圈的步法：

八卦掌要求在走圈時必須能快能慢，輕靈自如，而又穩健勁整，因此，對步法提出了非常嚴格的要求。透過對腿部的嚴格訓練，能在運動時做到輕靈之中要含蓄沉穩，外若優柔而中實剛勁，才能飄而不浮、柔而有骨，從而使下盤腿部穩健靈活；中盤腰身柔韌活潑；上盤臂掌能使勁且敏捷。上、中、下三盤緊密配合才能達到「身隨步翻，掌隨身變，步隨掌轉」。表現出「行如遊龍，換勢似鷹，回轉如猴」三種兼備的形態來。

步法是以左右兩步前進一次為一步，裡腳必須直進，外腳落地必須往裡略扣，這時兩腳成為八字形，這樣才能走成圈。兩腳往前邁步時，腳要平起平落，絕不允許揭底（即後腳跟提起腳尖向下、腳心向後亮）和亮掌（即前腳邁時腳尖翹起腳心向前亮），如揭底和亮掌必定站不穩定，是失敗之道，會給對方提供可乘之機。在變換時則必須將前腳扣或擺，待腳落實後再轉身變勢。切不可以腳掌或腳跟為軸用螺絲轉的形式來旋轉。如果腳有旋轉動作，使自己容易搖擺而站立不穩，也會給敵人可乘之機。

關於扣步：

是將前腳向內橫過來，兩腳呈倒八字形，或丁字形，但步幅要小，這樣既穩固而又便於轉身。擺步是前步向外擺出去，以腳尖向外橫放，成為錯綜八字形，這樣也就容易轉身了。扣步是向左轉身用，擺步是向右轉身用。其次是，兩腳前邁扣步，兩膝必須相抱，也就是要靠攏（又稱磨膝磨脛或剪子股），這樣便能起到保護襠部的作用。同時腳掌落地時，還必須腳趾用力抓地。

所謂「扭步掰膝抓地牢」，就是說腳步向裡一扣，兩腳相合，腳步平放下去，腳趾用力抓地，人就能牢固地站穩了。下半身站穩之後，對方就不能輕易動搖我，而對方則處於被動的劣勢了。

八卦掌迂迴進攻的戰略戰術

八卦掌的第二個特點是採取迂迴進攻的戰略戰術。其他拳術在與人比招或對敵時，大多數是正面作戰，來往走直趟，這在對方強我弱時，很容易遭到失敗，而八卦掌則避免與對方作正面衝突，而採取迂迴作戰的方法。其原因有二：

一、八卦掌是我在對方的側面，容易觀察對方，尋找他的弱點和破綻進行攻擊

二、八卦掌是一種游擊戰和運動戰的方式，這種方法是由走圈所決定的

八卦掌的戰略戰術是從走圈產生出來的。因此，它要求走圈不能在固定的方位上走，而是要因勢制宜、因地制宜千變萬化地改變方位。當和對方比招或對敵搏鬥時，要根據對方的來勢，決定以正取斜或以斜取正，並沒有固定的招勢，就是想方設法引對手入空，從而獲勝，這就是運用了「閃躲個位進步贏」的方法。

八卦掌的戰略概括說來，不外是「攻守進退」。因此它要求：「動敵之將動，靜敵之先靜，敵勞我逸，敵剛我柔，敵退我進，敵進我退，敵動我動，敵不動我也動。」

古代軍事家有句諺語「久守無勝理」。因此，我們可以認為八卦掌是一種運用辯證法而主張進攻的拳術。它是在動中觀敵，在動中運變，在動中取勝。體現了敵動我動、敵不動我亦動的原則。

也就是說攻是本來目的，守是暫時的措施，而不是長久之計，因此，八卦掌的機動靈活的戰略戰術是以運用八路掌法作為對敵攻守的方法，而以走圈為它的主要形式來完成對敵進攻和取勝手段的。

八卦掌的鍛鍊方法

　　八卦掌的第三個特點：是順乎自然。人類生存在世界上，必須要順應著生理上的自然發展規律。發明內家拳術的道家，運用了這一規律。作為內家拳之一的八卦掌，它在鍛鍊時要求心平氣和，氣沉丹田。而只有順乎自然，呼吸才會均勻，血液循環才會流暢，脈搏才會有規律地跳動。如違反自然規律，如憋氣等，就會使身體感到疲勞。透過長期的八卦掌鍛鍊，會將體內潛力挖掘出來。即所謂長「內勁」（一種爆發力）。這種潛力是所有鍛鍊者夢寐以求的。

　　它在對敵鬥爭中可以利用這種內勁來攻擊敵人而取得勝利，所以八卦掌在養生方面來講，它的理論基礎是順乎生理的自然，從而使內臟與軀幹都堅強起來，以達到增進身體健康和制服敵人的雙重目的。

　　八卦掌是以走轉練腿為基礎而達到練功目的的一種拳術。只有練好腿功，才能練好內功，沒有腿功，也就沒有內功，所以必須要以走圈作為基本功。刻苦的鍛鍊才能改變身體素質和永保青春。

　　鍛鍊八卦掌除了上述原則外，還必須身軀「下坐」，上身要直，頭要懸頂，項要挺立，肩要下塌，肘要下墜，背要挺拔，胸要涵空，腕要下塌，掌要前頂，腰要鬆塌，臀要微斂，雙膝要屈，腳趾要抓地。

上身的肩墜肘，肘垂手，使氣和力都貫注到手指尖上去，在走轉時，腳面要伸直向前平落。肩墜腰，腰墜胯，胯墜膝，膝墜腳。做到上述要領氣和力便能貫注到腳趾尖上去，才可以保證八卦掌變招換勢時，身體不會動搖，因為有穩固的下樁功夫。

綜上所述，雖然要求鍛鍊者的身體各部保持各種姿勢，但是並不感到費力，因為這些動作都不違背自然，因而練習者能得到很好的鍛鍊。

八卦掌的對敵作戰原則是從自然的原則出發的。所謂「手打三分腳打七分，得全力憑後足蹬」。這就是說手的用勁只佔三成，而腳的用勁須七成。

這些都是從實踐中得來的，而且也是完全符合人體自然規律的。它和太極拳所說「其根於腳，發於腿，主宰於腰，形於手指」的原理是一樣的，也就是所謂的「整勁」。

因為腿部的力量要比手部的力量大得多，另外，腳步更有利於增加快速動作，所以勝人之處全在步法，因此說：「步不穩全身必搖，腳踏實地勝千招。」有步法再配合身法圓轉靈活，手法的虛實變化，使敵感到神妙莫測，而我可穩操勝算了。因此，鍛鍊八卦掌不論是為了使身體健康還是為了提高技擊水平，都要順乎自然。也就是要慢慢地合乎自然規律地練，絕不能求新、求速，特別是初練者，紮紮實實地打好基礎最重要。

八卦掌是動靜結合、剛柔相濟的拳術

動靜結合，剛柔相濟。內家拳的突出特點是動靜結合。八卦掌第四個特點是在運動時，肩、腰、胯、膝、腳是動的，不停地走轉；前手伸後手送，肩、肘、腕隨掌而動，上體不動，而在運掌變招換勢時則是動的。在與對手作戰時，要根據對方的來勢，既可以正取斜，又可以斜取正，沒有固定的招勢，而是設法引對方入空，從而取得勝利。無論何招何勢，動作的同時內心卻始終心靜似水，神清氣爽。這是外動而內靜。由於心靜而使視覺靈活，行動敏捷，無論怎樣的激烈戰鬥，自己絕不會頭暈眼花，而能穩如泰山。

從健身意義方面講，由於心靜氣和，全身鬆弛，動靜結合，氣血調和，使血液循環能通行四肢而無滯阻，鍛鍊者專心一致，心情爽暢，一般愛好者均願持之以恆地鍛鍊，從而使練習者的神經系統、呼吸系統、消化系統、血液循環系統、骨骼系統、肌肉系統等各方面都得到補益，增進健康。八卦掌拳譜上說：「動為靜之機，靜為動之伏。」其原理即基於此。

八卦掌是內家拳之一，它的創造是根據太極八卦變易之理而發明的。因此，它必須要講陰陽虛實，五行生剋，剛柔相濟，矛盾對立與統一。

剛柔的變換從神氣上說是通過蓄和發來表現的。

蓄勁時則顯得柔和，發勁和使力顯得剛硬。一切招勢在轉換過程中都要求轉換靈活，用柔勁。但在發招時的落點力要剛勁。剛柔不濟，則不足以擊倒敵人。

若不講剛柔相濟，一味純用剛勁則氣鋪全身，對轉動不利，力到達落點時便不能表現出堅剛。若純用柔勁剛氣散不聚，沒有歸者，到達落點時也不能表現出堅剛。

應用剛時而用柔，則氣應聚而不能聚，應用柔時而用剛，剛氣應散而不散，都是不懂得剛柔相濟的妙用。只有善於用剛柔的人，到達落點時用剛，如蜻蜓點水，一沾即起，這是表現「剛」的正確現象。在一切轉換變招時運用柔勁，如車輪旋轉滾走不停，這是表現柔勁的正確形象。必須如此方能得到剛柔相濟的妙用。

此外，陰陽虛實、五行生剋的道理與八卦圖動變的原理相合，已在第一章總論中詳述，這裡從略。

八卦掌的八反

八卦掌的第五個特點是八反。八卦掌，也叫八反掌。由於八卦掌的發明創造晚於其他拳術，它採取了所有拳術的精華而棄其所短，又根據運動規律和作戰兵法而形成，因此，八卦掌有與眾不同的方法來戰勝對方。下面是八反的特點：

第一反：是進步先進前步，退步先退後步。

第二反：是入則直步，出則彎步；跨則橫步，回則倒步。

第三反：是入則五花八門，而我則以靜待動。

第四反：是入則拳打腳踢，我則穿掌掩肘。

第五反：是入則使指，我則使梢先使根。

第六反：是入則用拳變之掌，我則用直伸出掌。

第七反：是入則回拳身方能對後，我則動步便按八方。

第八反：是入則挺身直進，我則掌到步隨。

以上八反是根據長期鍛鍊和實踐經驗總結出來的。董海川先生曾講：「轉掌之功夫，為學八卦掌入門之基礎。故鍛鍊必固其根本。任何人皆直步以為進退，我剛彎步以為出入；人則握掌以為攻守，我則直掌以為取避。此中道理有為研究拳術技擊不可不知道，故為反覆說明之。」

大凡對敵之事，須眼觀六路，耳聽八方（六路即四方上下；八方即四正方四斜角），以一人而顧盼多方，稍一疏神，就難以應付。即使能應付得了，而對方的拳械出我不意，也不定來自何方，若憑直步周旋，勢必顧此失彼，奪走也來不及了。

轉掌之步法為制人之上策，轉掌之腰勢為自己之方便，轉掌之前步作後步，前手作後手，後步可變化前步，後手可穿作前手，此乃變異之理也。主其左旋

右轉、右旋左轉，前掩為後、後穿為前，旋轉千遭穿掩萬變而終歸一致，理有左右而體則同，是又有不可更易之義存焉，推究其中動靜和方向的復原，各有真理，各有實用。

根據以上所說，轉掌是八卦掌的獨特形式，也確有其獨特的作用。

如進步先進前步，退步先退後步，這是進攻和退卻快速的方法。這是戰術的需要：避開敵人正面，向敵人側面進攻的方法，也是使自己動轉靈活，使敵難於應付的方法。其他拳術使用時進退都有直步、跨步、倒步。一般拳術都是拳打腳踢，竄奔跳躍，看來五花八門，而我卻始終守住以靜待動的方針，也就是以不變應萬變的方法。一般拳術總是將手握成拳不知用腰腿之整勁，是用局部的力，所以是使用了根梢部；而八卦掌卻使用的是直掌穿打腕擊，這點比較一般拳略勝一籌，因掌和拳相較，掌較拳要長若干寸；在勁力使用上必須是由腳而腿而腰而手，使用整體勁力擊人，其威力就要大得多。

一般拳術與人對敵只能對付面前的對手，要對付背後來的人則必須回轉身體以後才能應付；而八卦掌的鍛鍊者由於步法靈活多變，只要稍一動步，便能應付任何方向來的對手。這是由八卦掌的靈活善戰，故能做到步到掌到，掌到步隨，但克敵制勝的關鍵還在於動靜結合和靈活多變的步法。

總結以上五個特點，董海川先生明確規定對敵作戰時的三種方式：

　　第一種：人來我解，而後還擊，叫做互進法。

　　第二種：人來我接，同時還擊，叫做堵截法。也就是破和攻同時並進。

　　第三種：人來我以法化之，叫做脫身化影法。

　　他的結論是：「三法之中一法勝過一法，只有第三法最深奧，非功夫練到爐火純青時才能用好此法。」為了要達到這一技擊法則的目的，八卦掌創造者深知人務必擊其中心，當敵方擊來時必須避開自己的中心，避他之法只在一轉而已，在拳法上謂之避其實而就其虛。根據這一原理而發明了以走轉為形式的八卦掌術。

　　這種走轉的形式在戰術上確實產生著變化無窮的妙用。因此，八卦掌的走，並不是一走了之，而是通過「走」來保護自己，來觀察敵人的動靜，由「走」來避開與敵人發生正面衝突而轉到敵人的側面或背後而攻其之。由「走」來緩衝敵人的鋒芒，拖住敵人，使敵人窮於應付，而我可以靜待動，以逸待勞，尋找對方的破綻而擊之，從而取得勝利。因此，八卦掌的理論是強調一個「走」字，所以有「百練不如一走，走為百練之祖」的說法。

第三章

八卦掌的要點

謹防三害

第一個要點是謹防三害：八卦是內家拳之一，在鍛鍊八卦掌時必須順乎生理的自然規律，才能起到健壯身體和增進內勁的目的。所謂「三害」，第一是「努氣」；第二是「努力」，或稱「拙力」；第三是顛胸提腹（或叫挺胸收腹）。其所以要防止這三種情況的道理在於：

一、「努氣」是有意提氣或憋氣。容易造成胸滿氣擁而傷肺氣。

二、「努力」也容易鼓氣憋氣，並且使用之力是手足局部之力，不是整勁，因此，它影響血脈流通，使氣血憋在局部地方。

三、顛胸提腹容易使氣滯留肺部而不能氣沉丹田。由於氣道不舒不暢而不能周流全身。也由於氣上浮而使重心向上升，影響兩腳不穩而無根。

三害是違反生理自然原則的，必須謹防。但在鍛鍊時往往容易「努氣」「努力」，那是出於心急而不

知放鬆的緣故，變成僵勁。關於腆胸提腹，經過鍛鍊可以逐步改變，鍛鍊者在日常生活中，行住坐臥時始終要保持虛領頂勁，沉肩垂肘，含胸拔背，鬆腰鬆胯，而且還養成一種逆呼吸的習慣，使氣始終沉於丹田。這樣在鍛鍊時便容易做到心平氣和，心神舒泰。既不努氣，又不努力，氣守丹田，胸空腹實，平穩自然地走轉，悠然自得地運動。

只有這種合乎自然規律的運動，才會增進身體健康，才能使練功者內勁逐漸增長。

技擊與藝術相結合

第二個特點是技擊與藝術相結合。拳術是武術的基礎，既是對抗鬥爭攻防的方式方法，又是鍛鍊身體健身的好方法，因此，它既要有戰鬥技術技巧，又要有舞蹈藝術的優美形象。八卦掌可以說是兩者兼而有之。

八卦掌的動作要講究輕靈敏捷，圓轉如意，上下相隨，所使用的是整勁，以求實際運用拳法時能運用自如。同時它的很多動作是採取各種動物的特性模仿之而組成，這些動作較為複雜，在鍛鍊時必須表現出這些動物的形象和特徵，如「獅子滾球、白蛇吐信、鷂子鑽天、白猴獻果、青龍翻身、獅子搖頭、麒麟吐珠、燕子抄水、大蟒翻身、大鵬展翅、黑熊反背」等

等動作，而且這些動作都要在不斷地走轉中表現出來。例如「行走如龍，換勢似鷹，動轉若猴」，或者說「動如龍、坐如虎、動轉如獅子滾球」。

在技擊作用上還要求「走如風、站如釘」。但要達到上面所說的並不是容易的，必須通過刻苦的長期鍛鍊才能取得，一旦功夫純熟便能進退自如，能化敵招，能生己招，剛而不滯，柔而不散，靜若泰山，動若江河，螺絲擰動，層出不窮，圈中有圈，招中套招。在對敵鬥爭中便能應變自如，因勢制宜。達到這種境界後，自己便會感到趣味無窮，神清體舒，百脈舒暢，從而使全身得到很好的休息。

另外，在與對手鬥爭時能使對手目迷神亂而遭到失敗，這就是八卦掌的技擊方法與藝術形象相結合而產生的一種特殊效果。

此外，現在有些人不論練拳還是教拳，都不講技擊，只講健壯身體。我認為這是對拳術認知不足的一種偏向。因為拳術是武術的組成部分，而所謂武術就是對敵鬥爭的攻防方法，因此，練拳、練掌必須講究技擊。否則就是把拳術的精髓丟去了，丟掉了武術的意義，而成為武舞或武操了。

為了保持武術的原有宗旨，必須要求鍛鍊者研究技擊，為了使鍛鍊的姿勢正確，也必須要求鍛鍊者掌握技擊。研究技擊也就是研究拳理，既明白了攻守之理，又可使勢子正確，從而更有益於身體健康，因此

必須講究技擊。也可能有人會誤解技擊是恃勇好鬥，持這種偏見的人並不了解內家拳的一條法規，即與人爭吵時決不會先打第一拳，即使受到對方攻擊，如不是萬不得已時，也不會輕易還擊的。

目前在世界各國，特別是日本國很重視我國武術，成立了八卦掌協會組織，深入地加以研究。作為發源地中國，如果不加強技擊研究，實在是不應該的。我們一定要把祖先苦心創造發明的具有很高造詣的八卦掌全面系統的繼承下來，發揚光大，永遠流傳。

八卦掌的鍛鍊法則

法則就是規矩，也就是必須牢記和遵守的「硬性規定」。八卦掌的鍛鍊法則是八卦掌運動在鍛鍊時對人體各部提出來的要求，其要點如下：

頭部正直，並有向上頂之意。謂之頂頭懸。項要豎直。下頦往裡微收，這樣頭部便正直了。兩目要平視，舌尖要微卷貼在上腭，並有上頂之意。

肩要鬆垂，切不可聳肩，並要往前微扣。

肘要下垂，切不能上翹。

掌要直豎，腕要下塌，五指分開。指尖要有前頂之意，大拇指微扣，中指食指兩指上指、無名指和小指靠攏，虎口開圓。這樣便能使掌心向裡微凹，即是

掌心空之意，但也不可太彎，防止成為一個三角形，術語叫做「死彎子」。兩臂還必須有裹抱之意。

胸要內含，背要繃圓，即是胸心空之意，這樣才能使氣道暢順，從而使氣下沉小腹（即是氣沉丹田）。切忌挺胸脝肚。

腰要鬆要塌，胯要鬆要提，只有達到上述要求才能使走輕、靈，上身圓轉自如，否則圓轉笨滯，不能起軸心作用。

臀要收，腹要提，這樣才能使頭頂百會穴與尾閭會陰穴，成一垂直線，使整個身軀無前栽後仰之弊。

腿要稍下蹲，但自大腿至膝至腳也不能呈三角形，要呈弧形，兩膝相抱（即靠攏）這樣才能使肩以上重量下降到腰，腰以上的重量下降到胯，胯以上的重量下降到腿，再降到膝，再降到腳，這就是所謂「四墜」，如此則全身重量都下沉到腿腳上，從而使身體上身靈活，下肢不受影響，而成為一個不倒翁。因它的重心全在下面。

兩膝相抱，在運動時要有兩膝相磨之意，叫做「磨膝磨脛」。也由於兩膝相抱走轉時使雙腿形成剪子形狀，所以又叫剪子股。兩膝相抱還有保護襠部的作用。

兩腳在運動時要平起平落，切不可揭底和亮掌，前伸時要繃平，然後再落地，後腳提起時則要先將大腳趾翹起，再將後腳提起。這樣兩腳行走即可避免揭

底和亮掌了。並且兩腳落地時都要趾抓地，所謂「落地生根」，這樣行走起來身體便穩固而不會動搖了。平起平落地行走好像是在泥中蹚行一般，因此又有「步落蹚泥」的說法。由於五趾抓地腳心必然向裡凹進，就是腳心空，腳心空和手心空、胸心空總稱為「三空」。

鍛鍊八卦掌必須遵守上述規定，應該耐心地鍛鍊，日子久了，自然會慢慢地習慣的。因為這些規定既合乎生理的自然規律，也是練功的必要功夫。練到爐火純青時，自然能使全身上下相配擰成一股繩，從而產生出武術家所追求的「內勁」來。既鍛鍊了身體，又增強了對敵作戰的能力。

鍛鍊八卦掌時還必須思想集中，要意守丹田。運掌時要用意不用力。拳諺說：「心如元帥，眼為先鋒，腳是戰馬，手如兵刃。」因為眼有鑒察之明，手有撥轉之能，腳有快速之功，神有領導之能，所以鍛鍊時必須意到手隨，手到步隨，出掌如牛舌，換掌如空梭。

其發勁時要眼到意到，意到氣到，氣到勁到，其勁之發必須是由腳而腿而腰而手，這樣出勁既快速而又有整勁，才能又準又狠。

要提高身體健康水平和攻擊技術，還必須明白、體會身體的四梢和九節在運動中所起的作用。

鍛鍊時必須有意識引導氣血通達四梢的末端。因

此有下列之說：「四梢要齊，其齊之法是舌若摧齒，牙若斷筋，甲若透骨，鬃若衝冠。」四梢一用力則可變其常態，能使人望而生畏。四梢之用即內勁所由出也。

　　所謂九節是將人體分為三節，每節再分三節，共九節。具體講：「人身以頭為梢節，身為中節，胯為根節。」因為內家拳的發勁是由根節起，通過中節而透達於梢節，所以有使梢先使根之說。故四梢與九節也必須牢記之。

第四章

八卦掌理論輯錄

我國古代的學術，為了便於記憶和使用方便，每每編成歌訣，如算術中的九九歌訣、中醫學中的湯頭歌訣等。武術中內家拳和外家拳都各有一套鍛鍊歌訣。過去由於流派之分、門戶之見是不輕易傳人的。

現在為了使八卦掌蓬勃發展，增進人民的健康，特將老前輩各位先生所傳口訣輯錄如下：

一、八卦掌的十六字訣

第一種說法：推托帶領，搬扣劈進，穿閃截攔，沾連黏隨。

第二種說法：穿搬截攔，擰翻走轉，推托帶領，纏刁扣鑽。

以上十六字即十六種勁的分別。

二、手、眼、身、法、步的口訣

各種拳術都講究手、眼、身、法、步，八卦掌對此尤為重視。前輩曾經寫成口訣，以教後學，現在輯

錄出來供學者參考。

起勢口訣

豎形立勢掌如拳，當按陰陽次第間。
審勢分明知躲閃，防身斜側識端偏。
進功推托步偷半，插打劈穿學貴全。
欲免臨場心手亂，閑居發憤讀斯篇。

手的口訣

撐拳托掌若風煙，劈穿抓拿勢貴偏。
挺去牽來腳管硬，勾搬裹挽削劈連。
三盤內外須純練，前後高低混打全。
一日無間三歲滿，保能發手倒山巔。

眼的口訣

兩眼圓睜若朗星，頭端審勢更分明。
瞻前顧後疾如電，展動周旋似轉輪。
覷定敵人身手腳，乘虛攻擊莫留情。
臨場對敵人難進，全在雙眸一團神。

身的口訣

頭端面正手平分，直豎身昂腿護陰。
斜立足分丁八字，勢如跨馬彎弓形。
腳腿不浮身便穩，落腳須平移動靈。

足動腳跟同進退，肩投腰趁臀齊行。
翻身腹縮隨舒卷，偏閃騰挪勢勢承。
練習如常寡敵眾，橫衝直撞莫停留。

法的口訣

個中奧妙在深玄，掌在師傳學在專。
掌法千般學不盡，機關百種卒難言。
水到渠成三載力，鋼須而煉始削堅。
總之熟便能生巧，處處相承節節連。

步的口訣

兩膝彎步力自然，屈前直後練成堅。
之從順閃騰挪步，玄經斜擊反回圈。
翻覆旋風肩平硬，膝雄跟端帶勾臕。

註：「之」和「玄」都是步法的名稱，因其形狀
像之玄二之。

三、八卦掌轉掌歌

八卦轉掌論陰陽，五行六合內中藏。
七星八步九宮定，兩儀三才見柔剛。
混元一氣培根本，四正四隅按八方。
落步三盤掰扣步，發行四梢彎轉強。

前掌虛實牛舌樣，後手埋伏肘下藏。
進步有門退有法，變化反正掌陰陽。
屈直橫豎斜正面，翻轉盤旋腰主張。
內講五行分四梢，外有五行眼法強。
內講氣道分三節，外有手法分陰陽。
步法走轉分八字，身法意氣仔細詳。
柔身轉換不定勢，高低遠近無限量。
腰法要合行四梢，眼法要合定八方。
手法要合情變化，用法要合左右防。
膀法要合陰陽變，身法要合扭轉強。
胯法要合挨身使，膝法要合進身旁。
步法要合進退快，閃展騰挪腰偏強。
頭打去意隨腰使，起落總須站中央。
腳弄中門奇地位，掌行直穿上下忙。
掌打起落頭手擋，肘打去意點胸膛。
背緊胸空縮谷道，肩打胯打併陰陽。
身法全憑蓋世氣，兩手只在胸前藏。
推托帶領隨身勁，搬扣劈進上下忙。
八勢八母總由轉，以掌爲母悟刀槍。
文知八卦明道理，武曉易理亦生光。
先師掌法傳至今，世人鮮有得其眞。
莫說前人多保守，只怨已身功未深。
說明道理揆用意，樹茂枝圓根必深。
八卦先從轉掌起，精研其法乃得眞。

頭頂肩垂行氣下，眞到丹田出入勻。
臂間要分三節用，身法要停四梢均。
步走圓圈分八字，跟隨身手一團神。
元氣須在肛門提，猿臂熊膀龍虎身。
二人對手腕中求，動手制勝步法分。
上下前後左右使，肩肘膝胯裡外輪。
腿法出腿不見腿，八卦起首腿爲根。
前後左右三十六，橫腿順提又切眞。
進退勾卦明暗腿，連環陰陽並轉身。
蹬踹踽踩屈搓絆，習三熟純使無心。
武術雖精敎憑法，徒弗心機枉勞神。
學習武藝功夫到，得了藝業不壓身。
藝如出眾人尊敬，學間高強自超群。

四、八卦掌轉圈歌

八卦連環分五行，相生相剋變無窮。
六合歸一眞根本，陰陽二字二分明。
乾出巽入離與坎，艮往坤來震兌同。
八門反正直斜走，橫衝直撞任縱橫。
掌法九宮步下取，左右轉身變化精。
出手順逆隨身起，落步開合四梢行。
腳踢對面不見腿，掌打敵人莫知情。
翻轉身形勢無定，四門八腿使無窮。

遠功長拳近短打，五行步法顯奇能。
三十六招走爲上，不招不架卻使空。
打法須從身上起，手足齊到方爲功。
身似強弓手比箭，消息只在後足蹬。
走時無形落無影，去意好似卷地風。
手起萬般憑空起，腳落不要枉落空。
側閃兩邊防左右，高低相隨功妙生。
往來橫順依身變，腳打七分手三成。
硬打硬進快招勝，柔者軟化佔上風。
拳出三節爲能手，現見形影萬莫停。
轉身活動勢不定，左右橫順任意行。
退如狸貓進如虎，腳打踩意不落空。
上步對面人不見，掌拳打去不見形。
手腳起落人莫覺，猶如做夢在心中。
二人比手無虛招，前進後退一寸爭。
掌打須知出入步，去意如水進如風。
竄縱跳躍無非步，閃展騰挪手法清。
寸墊過快剪步轉，七步打法要分明。
踏偏身探病在腿，前俯後仰也是空。
手腳齊到莫現形，沒見形影不爲能。
蟄龍夫起雷先動，風吹大樹百枝傾。
內要提防外要穩，虛實見景便生情。
一手分爲八手用，緊連不斷是眞功。
千招不如一招妙，萬招不如不落空。

兩手變成多手用，招至使肘方顯能。
有人解開無極法，保證到處得成功。

五、八卦掌用法歌

掌分八勢轉爲根，左旋右轉要縮身。
二人相戰腕中求，動手取勝步法分。
八卦奧妙要學眞，走穿擰翻人難進。
任他巨力來打我，旋轉變化到彼身。
八卦八形陰陽生，六十四掌藏眞情。
練至筋骨通靈處，周身貫氣縱橫行。
先天之氣要練習，剛柔相併細推尋。
八卦掌法留意記，不怕猛漢力千斤。
外重手眼身法步，內修心神意氣根。
升降開合練內功，丹田有寶妙無窮。
哼哈意合吞吐妙，霹靂一聲使人驚。
乾坤艮巽分四隅，坎離震兌八卦成。
練功須明三步妙，上下二氣不離中。
八卦掌法貴三盤，三盤三節各分三。
三盤功夫全在腿，趟泥步法意存丹。
上下三丹水火濟，掌中力從湧泉行。
練藝精心求其妙，證悟斯道得長生。

軟中求硬好，縮小綿軟巧，要講九節勁，言明得

知曉。掌拳肘和腕，肩腰胯膝腳，手眼身法步，此是武藝招。周身要整勁，慢慢往裡找。左右變化廣，動肘賽猴貓，旋轉穩健步，站住泰山牢，蠅蟲不能落，輕時如鵝毛。學會八卦掌，比人招法高。

六、八卦掌歌

八卦掌，走為先。收即放，走即還，變中虛實步中參。走如風，站如釘，擺扣穿翻步法精。腰如軸，氣如旗，眼觀路，手足先。行如龍，坐如虎，動如江河，靜如山。陰陽手，上下翻，沉肩墜肘氣歸丹。要六合，勿散亂，氣遍周身得自然。扣擺步，要仔細，轉換進退在腰間。手打三，腳打七，手腳齊進莫遲疑。胯打走，肩打撞，周身擠靠暗打膝。高不擋，低不攔。迎風接近最為先。數語妙訣拳中要，不用純功也枉然。

七、八卦掌的八拳之法

一頭：頭打之法進中央，靠山探穴兩肋旁。
　　　乳上乳下如風市，此頭乃是掌中王。
二肩：肩打一陰反一陽，上臂引手先去商。
　　　手換肩下要靠準，頭來肩打命必亡。
三手：抓打擒拿把手伸，腳手齊到方為真。

　　　　　拳似炮形龍折身，手似劈山向前掄。

四肘：肘打三節不見形，直橫斜打用皆準。

　　　　虎豹頭法意在肘，穿林交叉頂後心。

五胯：胯打中節肩相連，陰陽相合力摧山。

　　　　外胯去時裡胯走，回身如鷹變勢還。

六膝：膝打幾處人不明，若用膝頂命必傾。

　　　　斜打胯兮加肋力，形似猛虎出了籠。

七足：腳打去意刮地風，消息全憑後腳蹬。

　　　　踩住敵人腳下落，功夫不到全是空。

八腿：腿法原有七二變，扣擺之中把敵算。

　　　　下掃上擊各含意，點心點意手法先。

第五章

董海川先生傳三十六歌訣、
四十八法及其注釋

　　八卦掌的轉掌三十六歌訣和手法四十八法訣，是
董海川先生口授傳下來的經典。這些歌訣每一句都含
有深刻的意義，對於怎樣鍛鍊八卦掌提出了明確的規
定，如對於身法之練習。步法的動轉、手法的使用、
怎樣練勁力、怎樣運氣呼吸，以及對敵作戰應注意些
什麼，都做了明確的規定。

　　這些法則是鍛鍊身體，或者練習技擊，都不能忽
視的，研究武術者則更不能不知道。因此，鍛鍊者必
須把這些歌訣加以熟讀，並要求能背誦出來。便自然
能從中深悟出用八卦掌的真正妙用來。

　　以前由於門戶之見，八卦門中把這些歌訣視同供
壁，不肯輕易傳人。這些歌訣原文都是術語和俚語所
組成，學者一時很難理解、應用。

　　為此，我根據練拳六十餘年的經驗和對梁振蒲老
師的教導的領會，試釋如下，錯誤在所難免，希讀者
指正，以便共同提升。

三十六歌訣及注釋

歌一：

> 空胸拔頂下塌腰，
> 扭步辮膝抓地牢。
> 沉肩墜肘伸前掌，
> 二目須衝虎口瞧。

注釋：

空胸：即涵胸。將胸內涵。

拔頂：即虛領頂勁，也叫頂頭懸。

下塌腰：即腰往下鬆沉。

扭步：即兩腿往裡扣，亦即是走圈時外腳的腳尖微扣向著圈內。

辮膝：即兩膝相靠似挨非挨之意。

抓地牢：是指兩足趾在行走時兩足落地足趾即須向下抓地，即所謂五指抓地，這樣可站地穩固。

沉肩：必兩肩向下鬆沉。

墜肘：即肘尖向下有下垂之意。

虎口瞧：虎口是在大拇指、食指中間，兩眼向前觀看必須從虎口縫中再向前看。

這第一首歌訣是鍛鍊八卦掌的綱要，是走圈的基

本要求和要領。開始便要求鍛鍊者，在姿勢上要虛領頂勁、涵胸拔背、鬆腰鬆胯、將自身的體重下降到兩腿上，從而使下盤穩固。還要求精神集中，有所專注。要在這種規定的合乎自然的條件下進行鍛鍊。

拔頂：也叫頂勁或叫懸頂。它是使頭能正直的方法。頭正直了，就能提起精神，才能顯得出神采奕奕，才能使兩目光芒四射。由於頭部正直，從而使身軀也能正直。所以內家拳家特別注意頭正身直，只有保持這種姿勢，動轉才能靈活。

空胸緊背：也叫含胸拔背。這也是內家拳必須做到的姿勢。因內家拳術與道家導引的吐納術相結合的，必須空心緊背。胸不空背便不緊，氣不能歸於丹田，勢必氣壅胸際，必導致胸滿氣急，這不合生理的自然法則，因為氣急易乏力。氣能納入丹田則可深長而持久，所以氣入丹田既是制勝之道，又是健身長壽之法。

八卦掌有句成語叫：「嚴守四墜」，這四墜是肩墜腰、腰墜胯、胯墜膝、膝墜腳。也就是沉肩塌腰掰膝抓地牢。因為達到四墜要求，既能呼吸深長納入丹田，從而產生「內勁」，又能使身體重心下降，達到穩固的目的，並且動轉靈活。由於下盤生根，對敵發勁時，整勁便從腳心向上翻，通過腰肢而從手中發出，這就是四墜的妙用。

其次是墜肘，它是勁力通順的必要措施。肘若不

墜，則勁至肘部而止，不能通達到手指，所以肘必須下墜。同時墜肘對胸脅有著保護作用。

八卦掌卦中謂之「肘掩心」。關於合膝，它有著保護襠部的作用。所以這四墜是鞏固下盤的必要措施。在運動中再由腰主宰一切，這樣一切動作自然就靈活而運用自如，從而使內外一致，整個身軀就自然擰成一股勁了。

八卦掌第一個特點是走圓圈，其姿勢要求除上述各點外，還要注意在走轉時兩腳要平起平落。

所謂平起，即後腳提起不能像亮掌（即亮腳底心），其方法是：如欲移動後邊的右腳，則體重先移到左腳上，將右胯輕輕托起，右腳大趾領勁，這樣能使右腳平抬起來。

所謂平落，是指前腳落地時不能向前亮腳掌底，必須把腳面繃平再落地。落地後立即五趾抓地，這樣走好像蹚泥水一樣，故叫「步若蹚泥」。

如果不能兩腳平起平落，便一定會揭底和亮掌。這是違反八卦掌的規則的。因八卦掌對腿法步法要求特別嚴格，為了要求步法穩而快速，所以要使腳平起平落。

由於身體下蹲、兩膝相靠，走時兩腿腳成為剪子形狀，所以稱為「剪子股」。走圈時不論左旋右轉，靠圈中心的內腳要向前直邁，靠圈外的腳向前邁出時腳尖要向中心微扣，這樣便成為八字形，走起來便成

為圓圈。腰要盡量向圈中心扭轉。腰胯盡量往下坐，頭往上頂，用勁是在後一條腿上。兩眼從前手虎口處向外展視。前手與後腳跟上下相照，後手微屈橫放胸前，手指對前手肘部，前手指尖高與眉齊，兩手虎口若懸河都要撐圓。

初練時邁步要小，扣擺部要分清。行走時，腳掌和腳跟不要用擰勁，也就是不要隨便用腳掌或腳跟為軸而轉動。必須整腳離地後再扣或擺，這就是八卦掌的「步隨腰勁，腰隨步轉」的原則。

特別要注意的是精神始終要貫注集中，不能鬆懈。並且要謹守以上的規矩，使手、眼、身法、步能密切配合，達到統一完整性，再配合均勻的呼吸，四肢百骸自然就悠然舒適了。

歌二：

> 後肘先疊肘掩心，
> 手再翻塌向前跟。
> 跟到前肘合抱力，
> 前後兩手一團神。

注釋：

疊肘：即後手臂彎曲折疊向裡，肘彎曲緊對胸口。

翻塌：手心原來向上，兩手同時往圈中心扣壓下

塌。

　　合抱力和一團神：兩臂在沉肩垂肘下同時一緊，如捆抱一物狀，要求抱成為一個整勁，其他周身上下都可稱做一團神。

　　這首歌訣是對兩臂兩手提出要求。八卦掌在鍛鍊時，兩臂先伸直，兩手心向上，並分為一前一後，後手先要疊肘，疊肘能起到保護自身胸脇部的作用。所以說「肘掩心」。後手跟隨前手停放在前手肘關節之下或稍離寸許。由於兩手手指向上頂，手腕向下塌，必然使兩臂緊抱如抱物狀。由於兩手分為一前一後，在旋轉走圈時或對敵作戰時，在步法的變化下，使兩手也能同時變化，即前手可變作後手，後手可變作前手，兩手可相互照顧穿掩自由。

　　也就是穿即掩，掩即穿，前手即後手，後手即前手，此即陰陽變換之理。所以稱兩手一團神，也就是兩手表裡如一，起著一股勁的作用，即所謂「手隨步合」。

　　歌三：

> 步彎腳直向前伸，
> 形如推磨一般真。
> 屈膝隨胯腰扭足，
> 眼到三面不搖身。

注釋：

這首歌訣對腰胯以下提出了要求。在鍛鍊走圈時，必須是裡腳直邁，外腳向裡微扣，這樣向前走去，自然便成了圓圈子。由於運動始終向著圓圈中心兜圈子，好像推磨人對著磨子轉一樣。

練八卦掌如以樹為中心繞看樹走轉，但在走轉時，必須屈膝，將腰以上的重心下沉到胯，再沉到膝，到腳，從而到達穩固的目的。下沉的同時，還要將腰扭向中心，也要盡力扭轉至極處為妙。這樣便形成四正方步四斜角手的姿勢。由於屈膝坐胯，使兩腳必須分清前後虛實。

前腳伸時形如涉水。因為重心愈往下就愈穩固，練八卦掌時就要求使自己的重心盡量下降到極點，所以必須合膝坐胯，從而使上身靈活、下身穩固。因此，兩眼才能顧盼多方，而不會使身體動搖。

歌四：

一勢單邊不為奇，
左右循環乃為宜。
左換右兮右換左，
抽身倒步自合兮。

注釋：

鍛鍊八卦掌不能只會一邊的勢子，必須左右兩面都會練，所以走圈必須左旋右轉，右旋左轉，隨勢變換也必須兩面互換。在對敵時你只會左的招數，而對方偏用右的，那你就會手足失措而失敗了。所以必須兩面都精熟。在熟練的基礎上，不論是抽身倒步，勢大勢小，都可隨機應變，自然合機合拍。總的意思是要求兩面同時鍛鍊。

歌五：

> 步既轉兮手亦隨，
> 後掌穿出前掌回。
> 來去去來無二致，
> 要如弓箭離弦飛。

注釋：

這首歌訣說明手腳配合的重要意義。武術界有句諺語說：「手到腳不到，自己尋煩惱。眼到手腳到，方算得玄妙。」手腳不能密切配合，這是技擊上的大缺點。因為腳先到而手後到，擊人無力，又因手慢而易被人所乘；如手先到腳後到，雖然能擊人之身，但其力也不大，因力無根，並且自己容易失勢，力被人所借，也是造成失敗的原因。

為了達到手腳的密切配合，還有句諺語：「手腳齊到方為真」。八卦掌叫做：「手隨步合」。「來去去來無二致」的意思是指兩手來去如撕絲棉之意，去是擊人，回是捋人（或者去是推，回是帶）。並且來去之勢要如弓箭離弦飛去那樣急速而有力。

但在發勁時還必須注意兩點：一是手的來去要靠腰的轉動來完成；二是出的力只能發八九成，要留有餘力。這樣來回既便利，必要時還可作第二發之用。

歌六：

穿時指掌貼肘行，
後肩改作前肩成。
莫要距離莫猶豫，
腳入襠兮是準繩。

注釋：

準繩：是用以測定物體平直的器具。此處用來作為標準。這首歌訣是前歌的繼續。前歌講上下要相隨，兩手互換要勁足而迅速。這首歌是說應該怎樣穿掌和腳如何配合才有利於自己。因此，在穿掌時指尖要直指對方穿去，即直戳去。後手穿時必須緊貼前臂肘部向前穿，前手回肘必須沉後臂抽回至後手肘部停止。兩肩由於兩手前後互穿而變換前後。在穿掌時步法也必須配合，也就是左掌穿時左腳在前，右掌穿出

時右腳在前，並且必須向對方襠部直插進去，這樣穿掌才能發揮強大的威力，可使擋者立刻倒下。

穿掌是八卦掌中厲害手法之一，所以有「好漢怕三穿」之說，因此必須牢記：「肘不離手，手不離肘」兩句話。所謂距離就是不離開之意。

歌七：

> 胸欲空兮氣欲沉，
> 背緊肩垂臂前伸。
> 氣到丹田縮穀道，
> 直拔顛頂貫精神。

注釋：

八卦掌是內家拳術，所以必須與道家的導引葉納術（即氣功）相配合。要使氣能沉到丹田穴（小腹部），則必須空胸（涵胸），空氣自然沉入丹田。要空胸則必須緊背如箕底，肩垂也是胸空必要條件，所以緊背垂肩胸必空。兩臂前伸只能用意不能用力，否則兩臂力氣必上浮。由於沉肩墜肘，緊背胸空，用意不用力。就使氣道通暢下達丹田。

但氣至丹田後還必須縮穀道（即提肛：將肛門往上提，如忍大便狀），這樣就能使氣通過任脈，過會陰穴，達到督脈，再上升直拔頂巔到達百會穴，再向前而下降人中穴，向下至兌端穴，經舌卷接至承漿

穴，腹下降經任脈而至丹田。這樣周而復始貫穿到周身。

所謂一脈通而百脈通，精神自然飽滿、通體舒泰。鍛鍊日久，便能產生一種內勁（即真氣）。這種氣還可用意來支配，在對敵時便可以「意到氣到，氣到勁到」，發揮無窮的威力，便可無往而不勝了。

歌八：

> 走時周身莫動搖，
> 全憑膝下兩相交。
> 低垂雖講平膝胯，
> 中盤也要下腿腰。

注釋：

三盤：有兩種解釋：一是指練拳的架子而言，即上盤高架子、中盤中架子、下盤低架子。另一種是指手臂為上盤，身、腰、胯為中盤，腿腳為下盤。八卦掌以步法走轉兜圈子來勝人，所以對腿部特別要求用功夫。

走圈時上身不準動搖，也不準姿勢忽高忽低。要避免出現上述現象，就必須腰胯下坐，重心下降至兩腿。這就要求做到兩腿相屈，兩膝相抱。如此看來，八卦掌的走圈就完全用兩膝以下的兩小腿相互交叉地進行運動，所以謂之「兩相交」。這樣常鍛鍊，下盤

自然穩固，上身自然不會搖動而轉圈自如，達到「上宜靜而不宜動」的要求了。

走圈的姿勢架子可分為三種：最高的要求是走低架子，走時膝與胯要相平。這樣做運動量特別大，特別吃力，但功力增長快。大部分是以走中盤架子為相宜。走時也要求腰向下坐，腰胯下坐後，腿部才能得到鍛鍊，腿力增加，達到周身平穩有力，如同坐在轎子中一樣平穩。

歌九：

> 抿唇閉口舌頂腭，
> 呼吸全憑鼻孔過。
> 力用極處哼哈泄，
> 渾元一氣此為得。

注釋：

這首歌訣講的是結合導引吐納術的氣沉丹田。這個歌訣講的是導引吐納的呼吸方法和發勁方法。

八卦掌是內外兼修的內家拳，所以練體又練氣。練氣必須通過呼吸來完成，其方法是將兩唇閉合，舌向上卷曲而頂著上腭，這樣使呼吸通過鼻孔來進行，因為用鼻呼吸可使呼吸深長勻細，若用口呼吸，既不合乎衛生，又使氣粗而促，對人體的健康也不利。

另外，舌頂上腭還有兩個好處，它能使口中生

津，在運動中對敵時可以避免口乾舌燥喉嗆等現象發生。當津液咽下入腹後，還能增加胃液，加強消化能力。

人的呼吸有兩種：一種是自然呼吸，另一種是深呼吸。內家拳是採取自然呼吸的，其具體做法是：將新鮮空氣吸入到丹田，然後在呼氣時將體內的濁氣呼出。這種呼吸叫做自然呼吸。練功必須學會這樣的呼吸法。就是氣沉丹田。透過長期鍛鍊，可使丹田中的氣愈聚愈多，到修煉成功時，自然會向下流注，通過會陰穴，沿著督脈上升，直達頭頂百會穴，再向前而下沿著任脈下降，仍回到丹田（在氣功中叫做周天），通過舌頂上腭再流向四肢百骸。

這種氣在導引吐納術中叫做「渾元一氣」，在武術中叫做內勁或整勁。丹是內家拳鍛鍊者，都非常重視這種氣的修煉。只有把這種氣練好，才能算真有所得，身體也隨之強健起來，用於對敵可以取之不盡用之不竭。

在蓄勁時吸氣歸於丹田，發勁時向四肢發射，好像炸彈爆炸一樣地發生威力，能使擋者立仆。在發勁時為了加強威力，還可以用鼻音之哼字或口音之哈字來助長自己的勁力，增加自己的威勢，同時還能減泄對方的力量，從而達到震懾對方取得勝利。

前輩武術家有句口頭禪說：「外練筋骨皮，內練一口氣。」他們對於練氣是非常重視的，因此對練氣

傳下來的幾句口訣，現抄錄如下：

緊閉牙關口莫開，

開口氣泄力何來，

須知氣存常在腹，

撒手休將氣放懷。

回轉翻身輕轉動，

貫通筋骨壯形骸。

終朝練習常如是，

體質堅牢勝鐵胎。

歌十：

掌形虎口要撐圓，

中指無名裂縫開。

先戳後打使腕骨，

鬆膀長腰跟步鑽。

注釋：

此歌訣專講掌形和掌的使用方法。八卦掌在鍛鍊時要求虎口撐圓，這樣才能使力達到五個指尖。不管是立掌、俯掌、仰掌或撩掌，都要將大拇指微扣，中、食二指伸直，無名指和小指靠攏，使掌心內含。中指的中衝穴、無名指的關衝穴，兩穴不宜擠靠，如果併攏時就阻止了氣的貫通。

所以，必須將中指和無名指用勁伸直，它就自然

分開了。氣也容易貫注到指尖上。

　　鍛鍊的指尖如鋼鐵一樣，在交手時先用指向對方直戳，再用腕根向下打擊，同時必須後腳蹬勁、前腳直插入對方襠內，後腳再跟步而進。也就是利用後腳的彈力和地面反射力向前直衝。同時再鬆肩鬆腰，兩手往下塌勁，使全身之力都貫注到腕上。因此，八卦掌能以掌法制人，所以鍛鍊者必須遵守歌訣的精神，不可隨便更改。

　　歌十一：

上步合膝倒步掰，
換掌換步矮身骸。
進退退進隨機勢，
只須腰腿巧安排。

　　注釋：

　　八卦掌的換勢上步，必須合膝如扣步，使兩膝相抱似換非換，欲轉身則必須先倒步掰步，這樣身體動轉便能靈活。這就是扣步擺步的作用。其次是變掌換式，一定要將身體下蹲一些，使下盤穩而動轉靈活。總之，一切動作都由腰為主宰。所以不論進和退，變招換勢，高勢低勢，雖然沒有一定格式，但都是由腰胯動轉來變化安排的。所以說只要腰腿安排得當，便可無不從心所欲了。

歌十二：

此掌與人大不同，
進步抬前乃有功。
退步還先退後足，
跨步盡外要離中。

注釋：

八卦掌的最大特點就是講究步法。步法屬於八反之一。在與人對敵時，向前進攻要先進前腳，即將前腳先略抬起離地，然後後腳蹬勁並立即跟上（即跟步）。它利用地面反射力向前猛衝，在時間上搶在前面，在勁力上由於使用後腳的蹬勁（所謂根節勁），也就是使用了整勁。所以說：「抬前乃有功」。向後退時先退後腳，就是後腳先離地，前腳向後蹬勁。在八卦掌術語中叫做「半步當先」或叫「半步跟」再加上整勁，就無往而不勝了。

至於跨步要離中，是當敵方向我直線攻來時，我則不與敵方作正面衝突，利用身法（即側身法）、步法（即向斜上方上步），避開了敵方的攻擊。同時也使敵方勁力落空。

由於慣性作用對手的身體繼續向前，從而導致其失去重心，站立不穩；而我則繞到敵方的側面，乘他未站穩之前向他攻擊，便可取得勝利了。

歌十三：

此掌與人大不同，
手未動兮膀先攻。
未從伸前先後縮，
吸足再吐力獨豐。

注釋：

此歌訣講的與他種拳術不同之點，是在未發勁之先，應當先蓄勁，待勁蓄足後再發力，這種力必然大於不蓄勁所發出的力。同時在蓄勁時必須配合自然呼吸，這樣所發之力像炸彈一樣，威力無窮。特別應該注意的是蓄與發都必須用意為之，就是蓄勁時用意蓄於根節，到發時則一抖而出。

所以說是手未動兮膀先攻，未從前伸先後縮。這種蓄與發的方法，是內家拳所獨有的。

歌十四：

此掌與人大不同。
前掌後掌力相通。
欲使梢兮先動根，
招招如是不能鬆。

注釋：

此歌訣講的是兩手如何配合及勁從何處而發。凡出掌用勁必須用整勁。在歌十一中已講過，其根在於腳，發於腿，主於腰，形於手指。整勁必須從根節而出，因此說：「使梢先使根」。其兩掌力相通者，是指一種對稱力或分力，這樣可使前手發力更足。而後手回時還帶有捋勁的前用，也就是歌訣五講的「來去去來無二致。」這種方法不論是鍛鍊還是對敵都是很重要的，切不可鬆懈，務必要做到穩、準、狠。

歌十五：

此掌與人大不同，
未擊西兮先聲東。
指上打下就得知，
卷珠倒流更神通。

注釋：

鍛鍊八卦掌的人，都必須深知兵法，它包括著不少奇兵方略，如「以逸待勞、聲東擊西、無中生有、順手牽羊、欲擒故縱、混水摸魚、遠交近攻、假痴不癲、反客為主、調虎離山、走為上策」等等。這些計謀在對敵時都可以應用。特別是如能運用兵法中的剛柔奇正、進退攻守、兵不厭詐等變化來聲東擊西、指

上打下，使對方防不勝防、不知所措，我便可做到
「知己知彼、百戰不殆了」。

所謂「卷珠倒流」是由下往上打，也就是使用了
整勁中的抖勁。所以練八卦掌的人必須要研究和練
習，「鑽翻勁、擰轉勁、驚彈勁、崩炸勁、抖擻勁、
螺旋勁」和它們的使用方法，這些也正是不同於其他
拳術的地方。

歌十六：

> 天然精術怕三穿，
> 不走外門是枉然。
> 他走外兮我走內，
> 伸手而得不弗難。

注釋：

三穿掌是八卦掌的重要手法之一。所以有好漢怕
三穿的說法。這首歌訣講的是三穿掌在使用時應注意
的問題。由於我一再向敵方穿掌換勢，使對方感到目
迷神亂，這時我便可乘隙擊敗他。但在穿掌的時候，
步法必須配合向左或向右走跨步。

歌十七：

> 掌使一面不爲功，
> 至少仍需四面通。

一橫一直三角手，

使人如在我懷中。

注釋：

此歌訣第三句講的是手法原理。末句講的是用好
手法的效果。以自身兩手來講動手步法走成三角形，
一手直，一手橫，中間成為一個三角形，從而可變化
無窮。對敵時以我的橫破敵人的直，以我的直攻敵的
橫，這樣在雙方手的形狀上也成為一個三角形。

因此，三角手法在使用時是大摸大蓋，也叫四大
開的手法，所以與敵方一交手，便使敵人如在我懷中
一樣，可隨我任意擺布了。

歌十八：

高欲低兮矮與揚，

斜身繞步不須忙。

斜翻倒翻腰著力，

翻到極處力要剛。

注釋：

敵方比我高的，我應以低勢攻他的下路，比我矮
的，則應揚我之勢即用高勢向他的上路攻之，如此高
矮兩種人就不能抗拒我了。但無論如何換勢，都必須
以正取斜，或以斜取正，設法使對方入空，從而戰勝

對方。在敵方來看，我是側方，其實我是正方，也就是不與敵作正面交戰，而是讓過對手以後，緊跟敵身而進，這正是取得勝利的好方法。

腰是一身的主宰，所以不論是斜翻或倒翻，都要靠腰肢的動轉來完成。但有時腰轉動到不能再轉時，翻轉就不能用柔勁了，而必須用剛勁才行。

歌十九：

> 人道掌法勝在剛，
> 郭老曾言柔內藏。
> 個中也有人知味，
> 剛柔相濟是所長。

注釋：

郭老，即郭濟元先生，山東省招遠縣人，他拳術一道門類很多，但就其用勁的性質來講只有兩類：一是剛勁（即硬功），一是柔勁（即軟功）。八卦掌擊人時用的是整勁，使受擊者感到威力無比。誤認為是用剛強的力勝人，其實不然。正如郭先生所說「八卦掌是剛柔相濟的拳術」。因此練拳的人必須懂得剛柔相濟是拳術的精髓。

總的說來，若是鍛鍊加深以後，自然就能使自己做到剛能達柔，柔能達剛，那時就沒有剛柔的區別了。所以說：「長拳不長，短拳不短」，就是這個道

理。

歌二十：

> 剛在先兮柔內藏，
> 柔在先兮剛後張。
> 他人之柔腰與手，
> 我則吸腰步穩揚。

注釋：

關於剛柔相濟的拳術在歌中已經講了些，在這首歌中又進一步談了剛柔相濟的道理。在我們使用剛勁之先必須穩含柔勁，這叫「剛中寓柔」。在用柔勁之前，必須以剛勁為後備，這叫「柔中寓剛」。攻與守都不能脫離這個原則。

對敵時也是如此，即對方用柔勁時，我則以剛勁對付，他若用剛勁時，我就用柔勁吸腰穩步而化之，然後再擊之，就可戰勝了。但剛與柔雖能隨時變化，其變化的方法，還必須靠步法相佐，方能奏效。

歌二十一：

> 用到極處須轉身，
> 脫身化影不面痕。
> 如何變幻端在步，
> 出入進退腰先伸。

注釋：

極處，是指上一勢與下一勢的接連處。脫身化影，是指身法而講。八卦掌勝人之處，全靠步法。如步法精純，就進退出入無不從心所欲了。但步法的變換，手法的千變萬化都必須用腰來帶動。所以說，「以腰帶步，身隨步翻，掌隨身變，步隨掌轉，上下相隨」。

歌二十二：

> 轉掌之神頸骨傳，
> 轉項扭項手當先。
> 變時縮頸發時伸，
> 要如神龍前尾連。

注釋：

人要顯出精神抖擻，氣魄雄偉的形象，必須將頸項豎直。能保持頸項挺直，精氣自然貫頂，就顯得威武了。因為脊椎是人體的支柱，而項椎上接頭顱，下連脊柱尾骨，承上啟下關係到全身的正直姿勢，所以頸項不能歪斜，否則便是失勢。必須「眼隨手動、手隨眼動」，這便是轉項手當先。

至於蓄時縮頸發時伸，講的是在變招換勢蓄勁時要鬆而自然，好像將頸往下縮之意，又如來復槍的彈

簧扣回機扭一樣，在發勁時將頸與頭一齊往上頂頸，這樣可以助長發勁之力。這就是一動全動，手眼身法步一齊配合起來，而達到首尾相連的境界。

歌二十三：

打人憑手膀為根，
膀在肩端不會伸。
敵欲進時進前步，
若進後步枉勞神。

注釋：

此歌訣前三句講的是對敵時使梢先使根，手腳配合的關係，前歌已講過，不再重複。第四句是說進步必先進前步而跟後步，若進後步動作慢而效力頓減，是徒勞無功的。

歌二十四：

力足發自筋與骨，
骨中出硬筋須隨。
足跟大筋通腦脊，
發招跟步力能摧。

注釋：

拳擊技術需要有力。但這種力必須是整勁，並不

是一般的濁力或拙力。這種勁力是從骨中那兒鍛鍊出來的，叫剛勁，從筋中鍛鍊出來的叫柔勁。兩種勁合而為一便成為剛柔相濟的整勁，即所謂「有本之力」。這種勁的發出又必須從腳跟開始，通到腿部，腰部到脊背，再誘達到手指，用此其威力之大真能達到無堅不摧，所向無敵。

歌二十五：

眼到手到腰腿到，
心真神真力又真。
三真四到合一處，
防已有餘能制人。

注釋：

八卦掌除講手眼身法步密切配合以外，還要求「心與意（神）合，意與氣（呼吸）合，氣與力（勁）合。」這便是三真四合，也就是要「內外相合，周身一家。」同時也是眼看敵之強弱，手感覺敵之虛實，用心意辨其內，用整勁攻其外，不論攻與守都能應付自如，從而取得勝利。

歌二十六：

力要分兮勁要柔，
剛柔偏重功難收。

過剛必折眞物理，

優柔太盛等於休。

注釋：

勁力之剛柔，前歌十九、二十已講過。這首歌講
的是其他拳術有的是以剛硬勝，有的是以柔軟勝，但
這種剛柔偏重的拳術遇到剛柔相濟的內家拳時是很難
取勝的。因為鋼硬的物質性脆而易斷，柔軟的物質多
無力而易萎。所以勁力之大小都必須要求剛柔適中，
即所謂「剛以破之，柔以化之」。如能知道這些道
理，那麼就會掌握打拳的要領了。

歌二十七：

剛柔相濟是何言，

剛柔相輔總無難。

剛柔當用乾坤手，

掀天揭地海波瀾。

注釋：

陰陽虛實，剛柔軟硬，都是矛盾的對立面，對立
的矛盾必須求得統一。所謂太過與不及，太過是偏於
剛，硬、實、陽；不及則是偏於陰、柔、虛、軟，這
些都是失敗之因。所以前歌說：「剛柔偏重功難
收」。因此，研究拳術者必須明瞭「剛能濟柔之偏而

不致於弱，柔能泄剛之偏而不失於強。」此即剛柔相互輔助而使矛盾得到統一。

但在運用上當以虛實二字來講容易明白。這個虛實是隨時可變化的。如兩手來講，前手實後手虛，或前手虛後手實，以一隻手來講也可分虛實。兩腿要分虛實，身體上下也要分虛實，即前後左右都要分虛實。如能夠明白虛實之理，取得勝利是沒有什麼困難的。所謂乾坤手者，乾代表天（即代表陽剛），坤代表地（即代表陰柔），也就是兩手一虛一實、一上一下或一左一右交替使用，如海浪一樣，前浪接後浪，波濤起伏不斷，威力無比。

歌二十八：

> 人剛我柔是正方，
> 我剛人柔法亦良。
> 剛柔相遇要求勝，
> 解此糾紛步法強。

注釋：

對方用剛勁擊來，我則用柔勁之步法，避過對方之鋒，便可取勝。若我用剛勁擊對方，而對方亦能用柔勁化我之力，那麼他的方法也很好。這時我遇上了勁敵，誰勝誰負就難以預料了，現在我就必須用身法（腰）來取對方。然而身法還必須依賴於步法。

總之，剛柔相遇，當以身法、步法來對付，勝負便可立見了。也就是「不能得機得勢，當以腰腿求之」的意思。

歌二十九：

> 步法動時腰先提，
> 收縮合宜顯神奇。
> 足欲動兮腰不動，
> 踉蹌邁去誤時機。

注釋：

　　前面已講過步法，現在再講動步時應注意之處。腰是一身的主宰，所以一舉一動都須聽命於腰，也就是要以腰為軸帶動四肢。

　　所謂提腰是指在走轉時動步前將腰先略微轉動一下，並不是向上提。

　　所謂收縮，是指胯而講的，也就是將胯微收縮一下。再講具體一點，就是兩胯左右要虛實互換。如欲提左腳，先將重心落實在右胯，輕輕托起左胯；如欲提右腳，則將重心落實在左胯，而輕托右胯。這樣步法的變換自然輕靈而圓活了。

　　梁振蒲先生曾講：「提而不見提，全憑心力含。」因此說邁步而不動腰則必呆滯不活，對敵時倉皇邁步，是給敵人以可乘之機。所以切忌切忌。

歌三十：

> 轉身變法步莫長，
> 擦地而行莫要慌。
> 看準來路方伸手，
> 巧女穿針穩柔剛。

注釋：

凡是動轉變勢換招，步法要小，切不可大，因步法小動轉靈活快速，發之必急，使人難於躲閃。與敵周旋時，心要靜，步要穩，要從容自若，不慌不忙，看清對方來勢的虛實順逆，然後出手應付之，則定能取勝。最後一句是比喻，針是硬的，線是軟的，針孔是小的，穿針者必須心靜，穩住剛硬的針和柔軟的線，才能將線穿入針孔內。意思是要求眼要準，身心要穩，手要狠。

歌三十一：

> 人持利器我不忙，
> 飛劍遙遙到身旁。
> 看他來路哼哈避，
> 邪不勝正語頗良。

注釋：

　　與人對敵首先憑膽氣勝人，其次是憑技藝。所以有「一人拼命萬夫莫敵」的說法。因此必須膽壯，膽壯則心靜，心靜則眼明，眼明則手快。在對敵時不管敵手拿什麼利器，哪怕刀砍劍劈已到我身旁，但我必須心靜以待，看清來勢，伸手禦之；再以哼哈之氣以震懾之。使他聞聲而驚失其利，我便乘隙以取之。這就是用我的正氣鎮他的邪氣。

歌三十二：

> 短兵相接似難防，
> 哪怕鋒利似「魚腸」。
> 伸手取來探囊物，
> 指山打磨妙中藏。

注釋：

　　魚腸：劍名。傳說春秋時歐冶子所鑄造，鋒利無比。吳國公子光遣刺客專諸將劍藏於魚腹內在獻魚時乘機刺死吳王僚，而奪取政權。所以叫魚腸劍。

　　此訣是前二訣的繼續。在對敵時還是強調心靜神安，靜以待動，雖鋒利如魚腸劍，並可伸手而得，如探囊取物一樣容易。雖然我心定神安，能看清來勢，但敵方畢竟是鋒利無比的器械，因此，我還必須採取

聲東擊西的誘敵策略，以迷亂敵方，才能趁勢而進，取得勝利。

歌三十三：

人眾我寡力難擋，
巧破千鈞莫要忙。
一手不勞憑指力，
犁牛猶怕反弓強。

注釋：

古代度量衡三十斤為一鈞，千鈞就是三萬斤。人多我少勢難敵，當以智取之。秤杆雖小能起千斤重物。所以與多人相敵時，當用穿花打柳的方法，指東而擊西，避實而擊虛，膽要壯、心要細。以一人而對多人這句話很有用處。在對敵時還要懂得力從人借勁的道理，自然便可制勝敵人。

例如犁牛身大力強，若扳它的頭角，也能把它扳倒。所以只要用巧勁便可以制人。

歌三十四：

伸手不見掌前伸，
又無油鬆照彼身。
收縮眼皮努睛看，
底盤掌使顯神奇。

注釋：

油鬆：古代夜裡作戰時用以照明的亮子，也叫火把。此訣所講的是在黑夜之中遇到敵人，伸手不見五指，又沒有燈籠火把的情況下該怎麼辦？最好的辦法是蹲身下勢，既容易看清對方，又便於自己施展招數。

歌三十五：

> 冰天雪地雨濘滑，
> 前腳橫使且莫差。
> 翻身切忌螺絲轉，
> 高低緊避乃為佳。

注釋：

在雨雪紛飛的天氣裡，路途地上濘滑難走，如遇上仇敵時應怎樣對付呢？辦法仍是在於步法。即將前腳橫邁，也就是扣成丁字形步，這樣使前腳落地面積大，不容易向前滑。

其次是前腳橫邁，必須合胯合膝重心穩定，也不容易向前或向後滑出去，因而容易站穩，也便於進退轉換。切忌直腳向前，直腳邁出落點小，容易向前滑出，而導致後仰跌倒。在翻身變招時切忌用腳跟或腳掌作螺絲式的擰轉，因為擰轉體重的支點小，也是容

易跌倒的原因。所以必須將腳全部離地，再根據需要或扣或擺，待落地後再將重心換好，方能再將另一腳提起再轉換，這樣便能始終不失重心而站立穩固。其次對於地形的高低，地上有無障礙物，都要注意，這對於自己能穩如泰山很重要。

歌三十六：

用時最要是精神，
精神煥發耳目真。
任憑他人飛燕手，
蟻鳴我聽虎龍吟。

注釋：

凡與人對敵，最主要的是精神集中，心定神安，神氣鼓蕩。這樣便能耳聽目明，不管敵人怎樣凶猛快速，我則守定以靜待動的原則。這樣對敵方的一舉一動我都能覺察出來，當聽到螞蟻小蟲的鳴聲時就好像虎嘯龍吟一樣，這是形容感覺器官的反應迅速敏捷。

歌贊：

掌法拳法與岳議，
傳出日久或忘記。
我歌掌訣三十六，
字字句句有真意。

注釋：

以上是董海川先生在山上研究的如何把八卦掌的鍛鍊方法（掌法、步法、身法和使用方法）以及哪些地方要注意，怎樣避免偏差，如何配合導引吐納法等等，全面地用歌訣形式授給學員而總結的三十六訣。這些歌訣的確是每一字每一句都有深刻的意義，它把八卦掌的原理闡述得很透徹，是鍛鍊八卦掌的精奧秘旨。因此鍛鍊者應當把這些從未發表過的歌訣要加以背誦，只有牢牢記住才能運用自如，日久一定能得到很多收益，練出真功夫來。

與岳議：指董海川先生是在山岳中研究的拳術。

四十八法要訣及注釋

一、身法

> 手法步法要相隨，
> 手到步落力必微。
> 手腳俱到腰欠力，
> 去時遲慢難抽回。

注釋：

內家拳要求手、眼、身、法、步密切配合，用整

勁擊人。整勁必須以腳為根，以腰為主宰，上下內外配合一致，這樣擊人必倒。如手已擊到敵人身上，而腳沒有及時插入敵方的襠內，那麼其所用之力是手中局部之力，就不是整勁。即使手腳能配合而沒有腰部之力相助，仍是手和腳的局部之力，依然無大效。並且由於手、腳、腰三者沒有密切配合，從而使前進後退遲緩，動轉又不靈活，這是造成失敗的原因。所以要求手眼身法步必須互相緊密配合。

此外，還要求心與意合，意與氣合、氣與勁合，從而使上下相隨，內外相合，產生整勁。用以練體可以健身、袪病、延年；用以對敵可操必勝之券。

二、相法

> 對御群敵相法先，
> 未曾進步退當然。
> 退步審勢知變化，
> 以逸待勞四兩牽。

注釋：

對敵時不論敵人有多少，應當先看清敵人的強弱，估計敵人的虛實所在。兵法說：「知己知彼，百戰不殆」。所以在未弄清敵方虛實以前，不宜急進，應當先考慮退步。但這並不是怕對方的實力，而是憑借退步來看清對方的虛實，從而避實擊虛，乘隙而取

勝之。所以善戰者能進能退，如只能進不會退，或只會退不會進，都不能取勝，定必敗無疑。也就是說：「知道自己的不足，由於退步掩蓋了不足，在退步時尋找可乘之機。對方本來佔優勢，由於進攻而暴露出破綻，我即乘而取之。」這就是審勢知變化，然後以我之餘而制他之不足，是以逸待勞的方法。

四兩牽：指四兩撥千斤的意思，即言在以逸待勞的情況下，能用小的力量可發揮出極大的作用。

三、步法

> 未從動梢先動根，
> 手快不如半步跟。
> 出入進退只半步，
> 制手避招而安神。

注釋：

此訣主要講步法的重要性。關於動梢先動根，前歌已講過。但根梢沒有固定的部位。以手而言，手是梢，肩膀為根。以腳而言，腳是梢，胯為根，以全身來講，手腳是梢，腰胯為中節，腿腳是根。所以勁的發出必由腳而腰而手。

以手來講是腰催手、肘催手掌。八卦掌又叫八反掌，擊人必使對方失去重心後，再以整勁擊之，使被擊者拋出很遠。但不管你的手法如何巧妙快速，還必

須配合好步法。八卦掌的步法在武術上是獨特的，它進退轉換變招換勢，只須利用半步，進攻閃躲也只需半步。

所以，要牢記「半步當先」或「半步跟」，待鍛鍊純熟後，用以制人防身得心應手了。

四、邁法

功夫本從彎步來，
兩手變化隨步開。
高挑低摟橫掩避，
推托帶領不離懷。

注釋：

八卦掌的功夫是以走圓圈練出來的。這種左旋右轉，右旋左轉地走圓圈，就是走彎步。兵法上有「三十六計走為上」，八卦掌的走法完全符合這一原理。在戰略上講不是一走了之，而是和敵人兜圈子。在實效上，是要獲得整勁和兩手招數的生剋變化，都是在走圈中逐漸形成的。由於不停地走轉，兩手的變化也是跟著步法的走轉而不停地變化，所以叫「手隨步開」。等到手法、步法、身法能密切配合時，就是功夫練好了。

在與人對手時，則高低迎拒，極盡上挑下摟、縱橫掩避之能事，應盡推托帶領的威力。但其最根本的

方法，還在於心意的運用。也就是「心動形隨」的階段，到那時便可百戰百勝了。

五、連步法

連步必三費功夫，
使手要簡自然無。
搭手轉身是空手，
機會恰巧是江湖。

注釋：

此訣所說的步法，如連環步、進步、退步、倒步等等，都有它的妙用。但在對敵時則要因人制宜，因地制宜，不可拘泥於成法，要靈活運用。否則反為成法所牽制，多費周折反而不好。

由步法推演到手法，原理是一樣的。也就是說用什麼招數是沒有硬性規定的。應該因人而異，靈活運用，所以說任何招數都不能一成不變，務求簡便，講求實效。也就是虛虛實實之理。所以與人對敵，有時搭手轉身便走，這是用的誘敵之計，目的是誘使對方出招，而我轉身以避之。

這個搭手乃是空手。對方因擊空由於慣性作用，身體必然繼續向前栽，從而使他的下身失勢拔根，站立不穩。此時我即轉身乘他不備而擊之，他必立即倒下。所以說「機會恰巧是江湖」。江湖指的是老於江

湖者，他們的功夫技術見識都是很豐富的。

六、囤步法

囤步不要兩相齊，
前虛後實差相宜。
若要站齊前後仰，
亦且腰短少靈機。

注釋：

此訣講的是站立的姿勢。囤步：在走轉時沒有固定的形式。因為變招換勢，步法偶有停頓，時間不長，只不過一剎那間，此時就是囤步。

在於人對手時，站立的正確姿勢是兩腳不能並排站齊，應該是前腳虛後腳實，前後叉開。因兩腳站齊容易導致向前傾倒或向後仰跌。還容易虛實不分、成為雙重，使動轉進退不靈活，這是造成失敗的原因。

八卦掌要求分清虛實，一腳虛一腳實，然虛不是完全沒有，實不是完全站死，雙重必須是虛中有實，實中有虛。只有這樣進退變化才靈活，對敵時進退有方，攻守相宜，否則，即使對方有可乘之機，也必須會失掉的。

七、手法

偏重則隨雙重滯，

外硬裡軟拈槍勢。
橫推裡勾身有主，
只有吸手腰腹隨。

注釋：

手法和步法是一樣的，不論用腿或用手，都不能雙重。因為雙重笨滯不靈活，所以必須單重，即一虛一實。而且用手法時還要求外硬裡軟，好像拈槍勁撥槍尖，隨之而入的意思。敵手橫來我便推之，敵手向裡擊來我則勾之。

總之是導化對方之來力，使它變化方向轉移對方的重心，使他落空而無聽憑依，我身卻有所主。這是取勝的良妙法。所以不管對方如何猛烈迅速打來，我的取勝之道還在於能涵胸吸手，腰腹能相隨。

八、力法

人說冷彈脆快硬，
我說冷彈是一般。
脆硬細分無二致，
發動全憑心力合。

注釋：

凡是拳術都講冷彈快脆硬這種力。八卦掌鍛鍊者認為冷力與快力二者合併便成為彈力。所以冷與快是

一樣的。脆力與硬力從表面看似乎不同，其實兩力中不可分的是硬力，可以分的是脆力。但脆力並不是不硬的，所以說「無二致」，就是沒什麼區別。

但八卦掌所要求的是整勁，這種整勁必須是以意運氣，以氣運身，由丹田出發下達腳心湧泉穴，再上翻至腿，至腰，至脊背，至手而放出。所以它的運用必須是用心意含蓄。

九、存力法

只會使力不會存，
力過猶如箭離弦。
不但無功且有害，
輕輸重折而傷身。

注釋：

關於發勁不能一下發盡，必須要留有餘地，即要有一些含蓄。如果一發無餘等於放箭一樣，無迴旋餘地，容易被人所乘，所以無功而有害，是導致失敗的原因。

因為我方的擊人是利用人的慣性，使對方落空而失去重心然後擊之；同時我方也要預防勁的落空而為人所乘。其所以一發無餘者，是因為不明白陰陽虛實的道理，也就是不懂勁。不懂勁而和人對敵，如何能不敗不傷呢？

十、續力法

力著他人根已斷，
若再續力彼難逃，
此時惟有沖前步，
長膀長腰一齊交。

注釋：

對方之力已被我牽引，或發勁時他的腳根已動，但未跌倒。在這種情況下，我若變招換勢而再擊，則對方也可變招換勢站穩而招架我，因此我應在對方未站穩之前，也就是舊力已去新力未生以前，利用我之餘力（即存力）繼續向對方擊去，我能取勝。

但在用餘力之時，還必須用步法向前衝去，然後鬆腰鬆肩沉身，在原來的招勢下再塌之或再抖之，則必勝而無疑了。

十一、降人法

快打慢兮不足誇，
強制弱兮不爲佳。
最好比人高一招，
顧盼中定不空發。

注釋：

這首口訣的意思是叫鍛鍊者要刻苦學習，才能使自己的功夫高人一招，功夫上身便能從心所欲了。

十二、決勝法

> 彼力千鈞快如棱，
> 避強用順快不挪。
> 千人只有三五近，
> 稍伸手腳不難遮。

注釋：

上訣講不以力勝，此訣講避實就虛之理。與人對敵不論對方怎樣力大手快，在我只要守定以靜制動、以逸待勞之法，看清對方的來勢，順著他的力引導轉移對方力的方向，則對方必然落空失勢。若在導移對方力的方向時，能再以步法配合之，則必勝無疑。

其次是以我一人對多人，要求沉著應付。仍然是守定以靜待動原則，以不變應萬變。彼雖人多能在我身旁者，亦不過三五人而已，所以我應當詳察其強弱，擇其弱者而攻之，以先奪其氣。所以說：「稍伸手腳不難遮。」

十三、用法

> 高打短兮短打高，
> 斜打胖兮不須搖。
> 若遇瘦長憑採帶，
> 年邁不攻上下瞧。

注釋：

八卦掌又名八反掌，此訣乃八反掌用法。比我高的用短勢攻其下盤，引他向下不得逞其高。比我矮的用高勢攻其首部，所謂居高臨下擊之，使他不得力其矮。遇肥胖之人應避其鋒而斜擊之或攻其背，因他體胖動轉笨滯而失其能。

遇身長而瘦的，我則使挴帶之法，則使其搖晃而失其能，倘若遇年邁衰老之人，勝之不武，那就用先聲奪人其法，用兩眼向他一瞪，使彼心怯意亂，故不必動手便已勝矣。總之，不管對方怎樣，你只要用八卦掌的走轉擰翻旋轉變化，就可取勝了。

十四、致閉法

> 手講三關腳伸屈，
> 一手三關腳直迂。
> 肩腕膝胯肘可用，
> 縮頸空胸步帶軀。

注釋：

手的三關是肩、肘、腕，腳的三關是胯、膝、足。在對敵時緊閉上部的三關，而下部的三關腿足作屈伸之狀而走轉變化，是為全身封閉法。

所有的三關使用，都要看腳步的直與彎來決定。雖然手的使用要靠步法來決定，所謂「手隨步開」，但還須有身法的配合方能奏效。

十五、接拳法

五花八門亂如麻，
長拳短打混相加。
你越快兮我越慢，
我若發時神鬼誇。

注釋：

此訣與降人法頗相似。中國的拳術種類甚多，五花八門各有所長，使用起來拳打腳踢往來縱橫如疾風暴雨，上下翻飛。此時，我當仍守定以靜待動的原則，心定神安地、不慌不忙地看清來勢以為攻守，不爭一時之勇，所以說「彼越快兮我越慢」。

在發勁時我不發則已，若發時必乘彼之際，用我之整勁擊之，所以其威力如摧枯拉朽，他必敗。故曰「神鬼誇」也。

十六、摘解法

多少拿法莫夸枝，
兩手拿一力固奇。
任他神拿怕過頂，
穿鼻刺目勢難敵。

注釋：

八卦掌與人對敵是不講擒拿法的。因人若拿你，你只要將手高舉過頭，便可泄他之力而解之。若我再以手擊其鼻刺其目以亂之，那麼他的擒拿法就沒有什麼用處了。

十七、接單補雙法

莫說兩手掌堅兵，
一來一往是眞能。
閉住右手左無用，
雙手齊來更無功。

注釋：

此訣講的是我以空手對敵之兵刃和破敵之法。因為敵手執利器，不論是單的或雙的，他必兩手一前一後只能用其一。我只要閉住他的左手，他的右手便無用了；閉住他的右手左手便無用了。

總之，只要閉住他的前手，後手便無用了。即使他雙手齊來，只要閃過他，因無後繼之兵，就更無用了。

十八、指山打磨法

他人來手我不然，

側身還擊彼自還。

他若還時我八手，

他若致時三手連。

注釋：

指山打磨：其目的不在山而在石，因石係磨之材故也。

如兵法上的「圍魏救趙」一樣，用的是聲東擊西的策略。運用此法必須心靜神安、沉著應付，仍是以靜制動之法。敵方若出手擊來，我則側身以避之，並乘機還擊，彼由於落空必急還，在他收回時我趁勢而進，他想避我攻擊而採取封閉之法，我則使用連環穿掌連續擊之；不使他有喘息的機會，使他手足失措而勝之。

十九、脫身化影法

他不來時我叫來，

他要來時我化開。

不須手避憑身法，
步步不離兩胯哉。

注釋：

此訣講的是八卦掌獨有的特點，運用游擊戰的方法，游擊戰的原則是「敵來我退，敵退我追，敵停我擾，敵疲我擊。」我人對敵時，雙方勢力相等，他亦守定靜以待動，兩相對峙，那時我可用沾字引他出手，他若出手，我則走而化之，他若收回去，我就跟隨著他乘機進擊，你來我往，既不丟開，又不硬拼，這樣和他周旋。找尋對方可乘之機，要靠步法、身法的緊密配合，而身法和步法的變換，還必須靠腰胯來主宰和完成。

二十、背活轉身法

伸手要小步要大，
開步半胯貼手抓。
跨步落地蹲身轉，
他要轉時我應拿。

注釋：

八卦掌與人對戰時大都是轉到敵人背後攻擊的。此訣就講轉身方法。凡出手攻人，手中必須有含蓄之力，故伸手要小。步法上在走轉時不能大而要小，在

進攻時則要大。但與敵身貼近時則須半步，那時我只要用抓人之力，便足以制之。假如我貼近敵身時，敵手也來拿我，那我必須用跨步蹲身而轉以避之，假使他跟著我轉，那我可用鷹拿之法拿他就可以了。

二十一、磕砸劈撞法

磕來還磕我要先，
砸右換步左手黏。
劈來送肘椿橫立，
撞來乾坤手搖圈。

注釋：

對方由外磕來，我也可用磕法磕去，但我必須爭其先為佳。對方若向我裡砸來，我便換步用左手黏其手，再換勁出手為妙。對方向我摟頭劈來，我則送肘為椿用螺旋勁以殺其勢。如對方用手接來，無論單雙，我則用手敷其上並畫圓圈便可洩其力，且可乘機而發之。

二十二、半圈手法

他人手法多直線，
跨上半步等如閑。
即或指直打斜法，
再跨半步不相干。

注釋：

他人攻我多直線而來，我只要斜跨半步，對方便落空了，即作對方用指直打斜方法，我可仍用前法再斜跨半步，仍能使他落空，而無所用。這就是半圈手法。

這種步法是避實就虛的主要方法，這種步法是跟在敵人屁股後轉，從中尋找機會，爭取主動。

二十三、整圈手法

四面敵人我在中，
穿花打柳任西東。
八方憑勢風雲變，
不守呆勢不守空。

注釋：

因我被圍攻的時候，要心靜，神不可亂，色不可變，仍要處之泰然，若無其事。

雖然四面八方向我攻擊，我則只要不守定呆勢，不使空手，要像蝴蝶在花中穿來穿去。使群敵捉摸不定，我則往來返復，應前顧後，能進則進，可退則退，遇實則避，逢虛則發，既不走空，又不虛發，虛虛實實，因人而施，隨機應變，乃制敵的最好方法。

二十四、心眼法

心如大將眼如法，
見景生情能制他。
最忌心痴眼不準，
手忙腳亂費周折。

注釋：

此訣是講「手眼身步法」的作用和緊密配合關係。不管鍛鍊身體或對敵鬥爭，手眼身步法都要一絲不苟地緊密配合，所以說：「眼到手到，手到腳到，眼到意到，意到氣到，氣到勁到。」

見景生情就是隨機應變，而其勁之發必須要心狠手辣，眼毒步穩，便能制人；切忌心痴眼鈍，等於候著挨打。見敵便慌了手腳，胡亂應敵，非敗不可。

二十五、定眼法

四面刀槍亂如麻，
又當昏夜月無華。
矮身定睛招路廣，
步步彎行必贏他。

注釋：

此訣講當我被圍攻的時候，也要膽大心細。哪怕

是天黑昏夜，星夜無光，此時應用蹲身下勢，借天色微光看清敵人，以便應付，但步法必須採用左右變步、忽東忽西，使敵左右摸拒。我再見隙而乘之，自然可勝他了。

二十六、接器法

長短單雙器固精，
算來不如兩手靈。
鐵掌練來兵一樣，
肉手偏找肱腕行。

注釋：

我以徒手對敵器械，前十七訣中已談過，今再談一談。長短兵器畢竟是佔住了兩手，我兩手雖空，卻較為靈活。總之是戰鬥有術：一是運用身法閃展騰挪，以避其鋒，次是運用掌法結合拿法「拿閉敵血脈，拔挽順勢封」的方法，專門找對方的手臂和手腕，從而奪其器械，便能取勝。

所謂鐵掌，是形容詞，應該是功夫純熟。

二十七、保身法

以強勝弱不足誇，
弱能勝強方是法。
任他離弦箭快硬，

左右磨身保無差。

注釋：

此訣和前面的降人法及半圈手法基本相同。它是說明身法和步法的重要性。

磨身是挨著敵方的身體轉動，專門繞到敵方的背後去，這樣不管敵方多麼厲害，而我可保無慮。

二十八、亂人法

心亂先從眼上亂，
千招不如掌一穿。
對準鼻梁連環使，
跨步制人左右還。

注釋：

敵人自亂，心慌意亂，目迷神亂，都是從眼上亂起的。所以心靜則神安，神安必泰然，便百體聽命，謂之指揮若定。因人的大腦是指揮一切的總樞紐，所以心意一亂，大腦就難於控制，必使手足無措，此取敗之因也。

所以與人對敵必先亂其心，其法是用掌連續向他的鼻梁和兩目直刺，再用跨步左右換，使他應接不暇，自然使他目迷神亂，這樣我就可以制服他了，八卦掌的「天下精術怕三穿」和「千招不如掌一穿」，

就是說這種招數的厲害。

二十九、開合法

欲合先開是一般，
見開防合不二傳。
詐敗詳輸知捲土，
指東打西意中含。

注釋：

掌法即兵法。因兩者原理相通故也。此訣是要我們掌握對敵的戰略戰術，從而達到「亂己知彼百戰不殆」。任何拳術都講開合，也就是打化蓄發，一般要發人時必先蓄勁就是先開後合。

因此，在對敵時，看到對方開勢，下面必繼之合勢，若對方並沒有精疲力盡而敗退，這是不合理情的走，要當心他捲土重來。對方指東而擊西，還必須預防他從兩面偷襲我。

也就是要盼前顧後，左顧右盼，既要防止對方的隨時進攻，又要尋找對方的破綻而隨時趁機攻擊。這樣我就能控制整個局勢，自可立於不敗之地。

三十、定南法

任他千手千眼快，
守住中心是枉然。

不到要時不伸手，
伸手即要發手還。

注釋：

與人對敵同樣也要選擇地形，必選擇地之平坦者，注意有無障礙物、高低如何等等，必居於險要之地以待之。其次還要注意天時與方向。

在陽光下，上午不向東，下午不向西，這是避免陽光刺目而致失敗，在這樣有利地形下和有利時間內，我只要堅持以靜待動以逸待勞的原則，不管敵人人多手多，我沉穩應付，乘隙而進，則無不奏功。

三十一、求近法

封閉固是護身招，
躲過他人自逍遙。
切記遠出尺步外，
開門繞到法不牢。

注釋：

拳法上說：「不即不離，若即若離」，就是此訣之意。自己手法身法步法高超，所謂「藝高人膽大」，不管對方如何向我進攻，我都可以封閉住他。但必須與敵人身體貼近靠攏，相距不能超過尺步以外，假使離得遠，等於空兜圈子白費勁。

三十二、六路法

> 他人六路是空言，
> 我之掌法六路觀。
> 動步既能八方顧，
> 瞻前破後自無難。

注釋：

拳術技擊都講眼觀六路，耳聽八方，六路是前後左右上下，八方是東南西北四正方，東南、西南、東北、西北四隅方。八卦掌開始蓋轉掌的步法就能照顧到四正方四隅角，目掃一切動步便能看一圈，盼前顧後是很自然的。

三十三、不二法

> 發不準兮不妄發，
> 發不中兮第二發。
> 任他鬼神多靈妙，
> 不失魂兮亦裂牙。

注釋：

技擊都要講「穩準狠」三字，所以發招必求其準，如無把握切不可妄發所謂「無的放矢」。易為人所乘，失敗之由也。若有的放矢，即使不中，可繼續

再發，像大海中的浪一樣，逼使對方雖不失魂也必喪魂。

三十四、防滑法

冰天雪地步難牢，
前橫後直記心梢。
轉動須用小開步，
切忌挺身法打高。

注釋：

此訣與前歌三、歌十五意義是相同的，可參考之。但不同之處是最末一句：「切忌挺身打高法」，因為身體一高，人的重心必隨之而上升，下盤必易前傾而後跌，所以必須忌之。

三十五、穩步法

步不穩兮身必搖，
腳趾實地勝千招。
進取足趾退懸踵，
不扣步兮莫回瞧。

注釋：

前歌三、歌八、歌十二之意與此訣之意基本相同，可參考之。其不同點在於告訴鍛鍊者怎樣使用步

法才能穩健。

第一句說明步法不穩之害，第二句說明步法穩固的好處，第三句說明步法前進後退之法。

即前進時足趾落地必須抓牢地面，退步時說明要回身看時必須先扣步然後才能向後看，若不扣步，身體一碰即倒，所以應特別牢記之。

三十六、十步法

> 回身轉步必須小，
> 步大捨身不靈腳。
> 欲要轉身邁半步，
> 人難擒兮人不曉。

注釋：

步法是拳術的重要組成部分，它要求必須進退動轉靈敏，要動轉靈敏，則步法要小，不能過大，過大則動轉笨滯，非但身不由主，且易為人所覺而失機。故對敵時步法必須要小，則便於靠近敵身，使敵難於抵敵，且我步小，敵也不易知覺我的意圖。

三十七、掌法

> 掌法雖分上中下，
> 上下不過是靠架，
> 圓轉自如惟中盤，

高下全從此變化。

注釋：

任何拳術都講上、中、下盤功夫，這三盤便是高
架勢、中架勢、低架勢。架勢高者省力，低勢則運動
量大而吃力。在鍛鍊時都要求架勢越低越好，這樣容
易練出功夫來。在對敵時則以中架勢為最相宜，可以
圓轉自如，高則因之而上，低則因之而下，各種變法
皆從中盤架勢生出，所以說上盤低架，作用都不及中
盤來得大而變化多。故曰「惟中盤」。至於下盤練法
可參考歌訣第八。

關於三盤的說法還可以解釋為上盤是兩手及臂，
中盤是胸、背、腰、胯，下盤是兩腿及足。因上下盤
的變化都要從腰部動轉自如而取得，故說「高下全從
此變化」也。

三十八、忌俯法

低頭如同眼不開，
亦且身爲往前栽，
低頭貓腰中樞死，
全步全掌使不來。

注釋：

拳諺上說，「低頭貓腰，傳授不高」。各類拳術

在鍛鍊或對敵時都忌低頭貓腰。因頭一低如同瞎子一樣，看不清前面，等於沒睜開眼睛。腰一彎，則由於中軸彎而不直，所以動轉不靈活，又由於身體重心歪斜，容易導致向前傾跌，這樣如何能應敵？

所以拳諺又說「低頭貓腰，決定八勢之病。」拳術上雖然手眼身法步都在講，還不能盡技擊之妙。還必須配合意氣力，達到內外並修，才能亮出全功。若低頭貓腰，運用意氣不能通暢，從而使所有招數都受它的影響。手足不聽你指揮，因此說所有步法和手法都不靈。正確的姿勢是例如弓蹬步，膝尖不能超過足尖，頭不能超過膝尖。

三十九、忌仰法

> 緊背空胸靜中求，
> 挺胸旦股悔難收。
> 腆肚吸腰來不及，
> 最怕轉身不自由。

注釋：

八卦掌是靜中求動的內家拳術，因此在鍛鍊或對敵時都要求緊其背而空其胸，使氣能沉於丹田，氣易平，心易靜。所以董海川先師的歌訣開門第一句說是「空胸拔頂下塌腰」，可見它的重要了。

因為心靜才能眼明，眼明才能觀察敵人的動靜，

以便採取應付之法。若提胸腆肚，身體重心歪斜，易於向後仰跌。雖然也知道吸腰的妙處，也總因為腆肚之故而來不及使用。特別是動轉不靈便，轉身受牽制。它正好與忌俯法所說的前後各走一極。

四十、正身法

全身力量在中樞，
自身歪斜力不同。
別看步彎身必正，
發手如箭不停留。

注釋：

身體中正安穩，不偏不倚是內家拳的要法。因全身之力在於中樞腰部，故不論動轉發勁、發勁都在腰間，所以謂之「主宰於腰」。因此要求身體不偏不倚，不仰不俯，中心不移，步法雖然是變動而身體總不失乎正。

假使與人對敵發勁，則可一往直前，如放箭一樣。假如自身歪斜，即使發勁，其力必大打折扣。理由是人、物體，其體正者下部必穩，其力發之必大，其體不正者，下部必不穩，其力發之必不足而微弱。

四十一、輔身法

身如君王腰腿臣，

君正臣強可制人。

進退躲閃憑身法，

若無腰腿不生神。

注釋：

正身法要求身體中正，既能動轉靈活，又能得到腰腿配合而發揮威力而能制勝人。

拳術中的進退躲閃各法皆以身法為主，但要完成身法，必須要有四肢的配合，特別是腰腿的配合，才能相得益彰，所以說「若無腰腿不生神」也。

四十二、扭身法

人來制我已貼身，

此時手腳不贏人。

左右吸收用扭法，

化險爲夷把人擒。

注釋：

扭身法是內家拳八卦掌特有的身法。當敵方與我貼近時，用右拳當胸打來，這時我要用手法和步法，都已來不及，惟一的辦法是用吸胸扭腰向右轉去，便可轉到他的右背後去，他若用左拳打來，我則用同樣的方法向左轉去，轉到他的左背後去，這樣便能化險為夷，並能乘機而勝他了。

四十三、跨步側身法

穿梭直入勢難停，
先發制人先他能。
若遇比手接連退，
不如跨步側身靈。

注釋：

一般的對敵方法，都是爭取主動進攻的方式，其鋒銳不可擋也，不能相敵則只可退以避之。但對方一再進攻，則我退到什麼時候呢？此訣告訴我們若碰到這種情況，不必一再退卻，只要跨步一側身，就可使對方落空了。此訣與半圈手法很相似。

四十四、左右甩身法

閃躲東方西又來，
搖身一變甩身開。
左右連環皆如此，
前推後捋腰安排。

注釋：

此訣用兩種解釋，一是我一人對群敵，確是避開東方西面又來，窮於應付，不如採取主動，用穿花打柳的方法，將近身之敵前推後捋。

另一種是對方一人力大手快，向我進攻，我則可用扭身法和跨步側身法轉到對方背後而攻之，前推後捋，必須用整勁擊之，故曰「腰安排」。

四十五、蹲步沉身法

身高架大路上三，
舉手招封勢所難。
蹲步沉身使就下，
入我機關使法寬。

注釋：

遇高大的人，我如和他就高勢周旋，勢必吃虧，因此我當以法誘他勢下。我就先蹲身而下，他必須隨我而下，此乃變我的劣勢為優勢。所以說：「入我機關使法寬」。

四十六、忌拿法

八卦之手不講拿，
我拿人兮我也差。
設若人多不方便，
直出直入也堪誇。

注釋：

八卦掌不主張以拿法勝人，因拿法只能拿一人，

並且拿了人我的兩手也被佔住了，不得自由，因此說「我拿人兮我也差」。

另外，若是拿住了一人便不能對付群敵，要對付群敵則不如直出直入來得乾脆。

四十七、忌站法

> 渾元一氣走天涯，
> 八卦眞理是我家，
> 招招不離腳變化，
> 站住即爲落地花。

注釋：

八卦掌的功夫是走出來的，八卦掌的道理就是動變和煉氣，所以走轉時必須配合道家的導引吐納術集中意、氣。這樣才能練出所謂整勁來。

「渾元一氣」，一旦鍛鍊成功，這個渾元一氣即是走出來的，所以有「走爲百煉之祖，百煉不如一走」的說法。因此八卦掌的對敵方式，也是靠兩腿不停地走圈，轉得敵人頭暈眼花，而從中取勝。

假如站住了不動，則易爲人所乘，如落地之花被人殘踏亦枯萎了，因此提出忌站之說，使鍛鍊者明確重視走的道理。

四十八、太上法

力要足法招要準，
即或使空三不紊，
招套招兮無穿極，
精神法求在手純。

注釋：

方法和技巧到最高節段謂之「至高無上」。此訣比擬八卦掌是拳術中最精妙的。方法多，技巧妙，其他拳無法比，因此說是「太上法」。雖然說八卦掌的方法巧妙、技術高超，但還必須求勁力充沛。這種勁力即以前所講的渾元一氣的整勁。

另外要心靜膽壯，發招才能準確，但有時由於估計錯誤而使勁發空，不能中的，怎麼辦？心仍不能慌，即使發空，由於心神安定，手與腳也不會失措而忙亂，所以說「三不紊」。所以能看清敵方的來去，隨著對方的變化而變化。可以按八卦動變的原理而施招，這樣便能招中有招，手外有手，使對方窮於應付。

但要達到這種變化莫測的境界，則非靠手、眼、身、法、步各法的正確和密切配合，結合內部精氣神的貫注，再加上運用純熟的技術，才可無往而不勝。

歌訣贊

四十八法意眞切，
說說練煉不爲神，
要得所傳純功到，
幾人三年試驗深。

注釋：

三十六歌訣是八卦掌的鍛鍊方法，必須遵循的規矩，寓意深刻。要理解八卦掌精義達到內外一家功夫上身，最少得兩三年的時間，其鍛鍊方法具體講來，要有四多：

一是多看，先看老師如何練，從而模仿之，再多看他人所練，從而分析其是否正確，取其長改進自己之短，還要多看理論書籍來提高自己。

二是多聽：老師的教導，同學們的鍛鍊經驗，要虛心聽，從而分析消化，為我所用。

三是多想：是去蕪存精提高自己的最好的方法。

四多練：這是實踐的必要過程，因為內家拳的鍛鍊是一個細緻的複雜的工作，必須如此才會有所得。它是沒有捷徑可走的，因此既不能急躁，也不能不加以研究，所以練內家拳要有長期打算。有句拳諺說「練拳容易，拳理難明」。所以練拳必須弄清拳理，才能有所得，所以說「要得所傳純功到，幾人三年試

驗深」了。

　　四十八法是八卦掌的用法，也就是說手、眼、身、法、步與內部精氣神都已純熟並且能配合得很好，如果不研究與人對敵，但到實際應用時仍會發生手忙腳亂、力不從心的現象，也就難於應付敵人，因此必須長期與人比手，從中取得實踐經驗。

　　這種實戰經驗比鍛鍊還難得多，最少得七八年的積累才能運用。因它非到熟練到極點，才能運用自如，得心應手，才能見招打招，到那時你就可以憑你的技藝而所向無敵了。

第六章

八卦掌的練法及圖解

　　本篇介紹的八卦掌，是八卦掌術中最古老的一種，一般稱為「老八掌」。老八掌的練法，在說明動作時，一般按主導動作的順序或動作的先後，進行描述；在編寫中盡量採用通俗易懂詳細的描述和圖解，在繪圖方面不作過多的動作姿勢插圖，以避免動作線路的零碎間斷，缺乏連續性和整體性。

　　人物圖像上所繪製的動作線路都是手、足在立體的運動軌跡，此軌跡是表示下一動的動作線路、腳步動作的先後次序，以標明數字表示之，如圖所示。

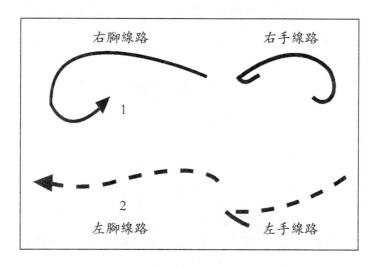

人物立面圖像，由於繪製時視角關係，和學者步子大小不同，而可能出現向、位的偏移情況，以文字說明為主。

　　老八掌，亦稱八母掌，是八卦掌中的基本掌法，其中以單換掌為掌法之基礎勢。單換掌的轉行勢，傳統稱之為推磨勢，在八卦掌運動中佔有特別重要的地位。初學者掌握好推磨勢的練法是十分必要的，特作如下說明：

運動場地

　　先選擇一個直徑約 2.5 公尺左右的平整圓形場地，初學者可以在地上畫一圓圈，運動時則沿此圈線轉行和變勢。如右圖所示。

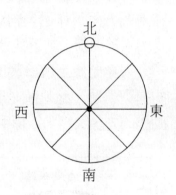

八卦掌起勢

1. 預備勢

　　立站於圓圈之正北方圈線上，面向圓心（即向正南方），兩腳尖外展約 60°，兩膝靠攏，兩手自然下垂於兩腿側，頭正項豎（虛領頂起不用力），尾閭正

中，下頦微向後收，兩肩放鬆（沉肩），口自然閉合，以鼻呼吸，舌舐上腭，兩眼平視正南方；胸部不可挺起，要含胸拔背，平心靜氣呼吸自然。

2.推磨勢（左勢）說明

①半面向右轉 45°～60°，上身保持不變。

②身體下沉，屈膝，兩膝靠攏，重心置於右腿上，左腳跟微微虛起；在下蹲的同時極力向右轉腰，右掌外旋（掌心向上）上托（與頦同高），同時左掌亦外旋（掌心向上）順腰腹向右脅下插。眼看左方。

③上動不停，復向左轉腰，與此同時左掌（掌心向上）向上、向前、向右橫出，右掌亦隨左轉腰勢向左畫；當兩掌均對向圓圈的圓心時，兩掌同時內旋，左掌塌腕，掌心旋對圓圈的心（大指內扣，虎口要圓，掌心要空，餘指要直），掌心向上，食、中兩指高度與鼻齊；而右掌同時內旋，沉肩墜肘，塌腕，置於左肘內側下端（掌心斜對圓心），兩臂均撐圓。在左掌橫出時，左腳同時向前沿圈線踏（趟）出，兩腿半屈蹲，重心微偏於右腿，身體姿勢高矮保持不變，極力向左擰腰，背要圓，左掌與右腳跟要上下相照，眼看左掌中、食二指尖。這個姿勢傳統稱之為中盤左推磨勢（圖 1-1）。

在形象上要做到：雞腿、龍身、猴像、熊膀、虎豹頭。

圖 1-1

第一掌　單換掌

一、動作說明

1. 單換掌由左推磨掌勢起，向左轉行，如圖 1-1所示。

2. 左推磨勢沿圈線轉到北面左腳在前時停步，右腳沿圈線上一步，腳尖內扣成八字步，兩膝靠攏合住；在上右腳時向左轉身，左掌外旋（掌心向上），

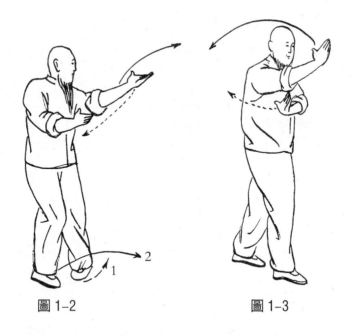

圖 1-2　　　　　　　　　　圖 1-3

用大拇指側腕向左後方橫掛，同時右掌亦微向外旋，
使掌心亦向上，眼看左手，如圖 1-2 所示。

　　3. 繼上動不停，右腳不動，左腳直邁成錯縱八字
步，身向左轉。而右腳沿圈線向前上一步（腳中心線
順圈線）同時右掌向前上從左臂肘下穿出，掌指側向
前方，大拇指微扣，虎口向上，成側立掌；而左掌亦
同時內旋，翻腕下落成側立掌置於右肘下方，此時面
部胸部與原左推磨勢方向成相背，如圖 1-3 所示。

　　4. 繼而向右轉腰，右掌隨右轉腰勢向上向右微向
下畫弧落於右方（掌心對圓心，沉肩墜肘，塌腕，指
尖與眉同高），而左掌亦隨勢轉腰，微內旋置於右肘

內側下（掌心斜對圓心），
眼看右掌成右推磨勢，如圖
1-4所示。

此勢亦可以練為繼右穿
掌後邊轉行，邊向右轉身成
右推磨勢。以後各掌均同
此。

以上為左推磨掌轉換成
右推磨掌勢（單換掌）的練
法。八卦掌有左必有右，練
了左勢即練右勢。

圖1-4

為節約篇幅，避免重複
起見，所有動作說明均介紹左轉勢變勢演練為主，而
右轉勢練法省略。惟左勢與右勢動作相對稱，方向相
反，圖示亦相反，學者可以自行演練，以後各勢均同
此。

二、要點

1. 整個動作都要協調，六合為一。

2. 左掌橫掛與右掌前穿及轉身時，都要沉肩墜
肘，臂圓屈不可伸直或屈得過分，虎口要撐圓。

3. 收臀提肛，攏膝屈腿，含胸拔背，氣下沉丹
田，注意眼神隨主導動作。

4. 擺扣步要分清，移步時腳掌不可在地上磨轉。

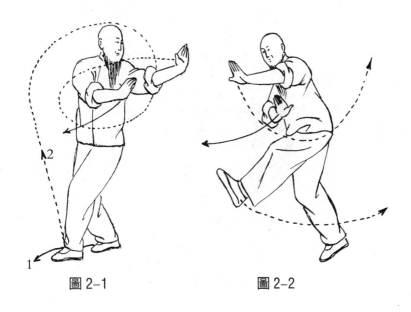

圖 2-1　　　　　　　　圖 2-2

第二掌　雙換掌

一、動作說明

1. 雙換掌，又名蓋掌。由單換掌左推磨勢開始向左轉行。如圖 2-1 所示。

2. 左推磨勢沿圈線轉到北面，左腳在前時停步。右腳沿圈線向前上一步，右手和上身保持不變，重心移向右腿；繼而左腳向右前方踢（高不過腰，腳面繃平）而左掌在上右腳的同時向下落，不停，繼下落勢向左向後向上前掄一圓圈，恰在左腳上踢時用左掌拍向左腳面，如圖 2-2 所示。

圖2-3

　　3. 上動不停，左腳踢向後，回落於右腳後方，兩腳成倒八字步，同時左掌亦隨左腳後落時向下向左向上用掌與小指側反撩，眼視左前方，右掌亦與左掌同時展開，兩手大拇指均向下。胸、面旋向圓心，如圖2-3所示。

圖 2-4

4. 繼上動，右腳先內扣，左腳外擺，重心移向左
腳，右腳向前上一步；在上步的同時左掌微內旋，掌
心向下，繼而向前向右向回扣捋；與此同時右掌由胸
前邊外旋邊向前，從左前臂下穿出，如圖 2-4 所示。

圖 2-5

　5. 繼前勢右腳內扣（內轉），向左轉身，再擺左腳，同時右掌外旋使掌心向上；繼而右腳向前上一步成右弓步，同時右掌繼前動從頭頂向後扣轉，向前方蓋壓。此時右掌心斜向下，左掌心向下，左掌置於右腋側，眼看右手，如圖 2-5 所示。

圖 2-6

6. 繼上動，左腳外擺沿圈線踏實，同時左掌邊外旋邊向左前方上成側立掌（指尖對左前方），右掌收於右腰側，如圖 2-6 所示。

圖 2-7

7. 上動不停，右腳向前邁一步，同時左掌內旋翻腕，右掌從左前臂肘下向前方穿出成側立掌，掌指斜對前方，左掌繼前下落成側立掌，置於右肘下方，如圖 2-7 所示。

8. 繼前動不停，向右轉腰，右掌隨右轉腰勢向上向右微向下畫弧落於右方（掌心對圓心），沉肩墜肘，塌腕，指尖與鼻同高，而左掌亦隨轉腰勢微向內旋，置於右肘近處，掌心斜對圓心，眼隨右掌成右推磨式，如圖 2-8。

以上動作為左勢，如換右勢則動作與左勢動作相對稱，惟方向相反。

圖 2-8

二、要點

1. 踢左腳時，力點在腳尖或腳面，腿微屈，腳不可高，一般與腰同高。

2. 撩掌時兩臂左右伸展，臂要圓屈不可直；兩手力點在掌小指側外緣。

3. 整個動作要協調，其餘參閱第一掌有關部分。

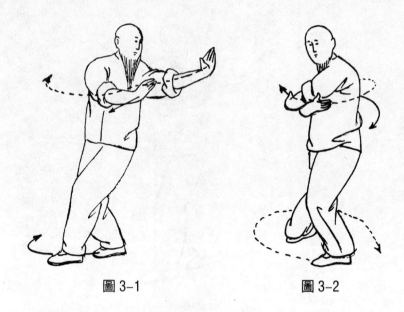

圖 3-1　　　　　　　　　　　圖 3-2

第三掌　　背身掌

一、動作說明

1. 背身掌也叫轉身掌。由左推磨勢開始向左轉行，如圖 3-1 所示。

2. 左推磨勢沿圈線轉到北面左腳在前時停步。上身向左擰腰姿勢不變。右腳向前上一步，且極力外旋擺步成錯綜八字步；向右轉身，右掌順勢插於左腋下（掌心向下），而左掌亦隨右轉身向下向前向右畫弧至右肘上（掌心向下），眼隨左手，兩膝相攏，身微

圖 3-3

圖 3-4

下蹲。如圖 3-2 所示。

　　3.上動不停，繼而左腳從右腳前方繞到右腳後方（原右腳處，並極力內扣），身隨步轉 360°（面向西北），同時兩掌從胸前往上並向左右分開，向下收至小腹前，兩手各畫一個 360°圓圈，直徑約 65 公分，使左右兩掌的掌根相抵對，掌心向前，大拇指向前成雙叉掌勢。此時右腳掌外旋，使腳尖沿圈線擺直。繼上勢不停，右腳向前進一大步，左腳跟進，同時兩掌隨右腳進時向前方撞出（高於腹臍）。眼隨手勢，兩腿稍屈，重心在左腿上，含胸沉肩墜肘收臂。如圖 3-3（過渡動作）和圖 3-4 所示。

圖 3-5

4.繼上動，右腳外擺，左腳從右腳前繞向右腳後
方，極力內扣，兩腳成錯綜八字步；繼而向右轉身
270°（面向圓心），右腳外轉兩腳成倒八字步。在右轉
身的同時，兩掌手型不變，向上捧托（置於下頦前
方，成白猿托桃勢（掌心向上、大指向己），身微下
沉，眼注雙托掌，如圖 3-5 所示。

圖 3-6

　5. 繼上動，左腳從右腳前繞向右腳後方極力扣
步，兩腳成錯綜八字步，向右轉 360°（面向圓心），
繼而右腳向右側邁步成馬步勢，同時兩掌分別向左、
右按擊（掌心斜向下），如圖 3-6 所示。

圖 3-7

6. 繼上勢，右腳向右後方撤一步，左腳隨向右腳前挪一步，腳尖點地成前虛步，身體下蹲（面向圓心），重心在右腿；與此同時右掌略向下收回，左掌邊外旋邊向前方畫弧掩手至胸前方（手心向上），左手與左腳上下相照，眼視左手，如圖 3-7 所示。

圖 3-8

7. 上動不停，左手繼續內旋向下向左胯側畫弧
（掌心向下）；同時左腳向左後方撤一步，右腳亦隨
勢向左腳前挪一步，腳尖點地成右前虛步，身體下蹲
（面向圓心），重心在左腿；與此同時左掌略向下收
回，而右掌邊外旋邊向前方畫弧掩手至胸前方（手心
向上）。右手與右腳上下相照，眼視右手，如圖 3-8
所示。

圖 3-9

8. 上動不停，右手繼續內旋向下向右胯側畫弧
（掌心向下），同時右腳向右後方撤一步，左腳隨向
右腳前挪一步，腳尖點地，身體下蹲（面向圓心），
重心在右腿；與此同時右掌略向下收回，左掌邊外旋
邊向前方畫弧掩手至胸前（手心向上），如圖 3-9 所
示。

圖3-10

9.上動不停，左腳向左沿圈線邁進一步，右腳跟進，左掌在上左腳的同時邊內旋邊向下向左前方反撩（力點在掌外緣），眼視左手，如圖3-10所示。

圖 3-11

10. 繼上動，右腳沿圈線向前邁上一步，同時左掌先外旋復內旋翻腕，右掌隨上右步的同時從左臂肘下向前方穿出成側立掌（掌指對前方，左掌繼前下落成側立掌，置於右肘下方），如圖 3-11。

11. 繼前動，向右轉腰，右掌隨右轉腰勢向上向右微向下畫弧落於右方（掌心對圓心），沉肩墜肘，塌腕，指尖與鼻同高；而左掌亦隨轉腰勢微內旋，置於右肘內側近處（掌心斜對圓心），眼隨右掌成右推磨勢，如圖 3-12。

以上動作為左勢，如換右勢則動作對稱，惟方向相反。

圖 3-12

二、要點

1. 整個轉身掌為轉身雙撞、轉身雙托、轉身雙按和左右掩手等動作所組成。所有轉身步法都要清楚而穩健。

2. 雙撞掌時須沉肩墜肘,兩掌對叉,力點在掌心和掌根。撞掌、托掌、按掌、掩手等動作,都須六合為一,協調一致。

3. 左右掩手是在胸前連續畫三個圈,兩手掩截撥拿,要與手、足、身型配合協調。

4. 動作要開展大方,其餘要點參閱第一章有關部分。

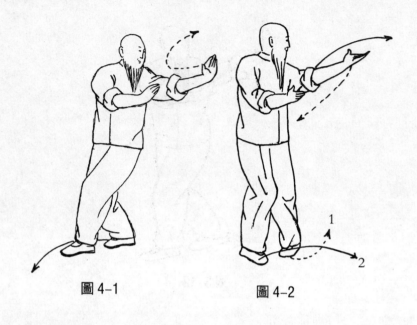

圖 4-1　　　　　　　圖 4-2

第四掌　劈手掌

一、動作說明

1. 劈手掌即風輪掌。由左推磨勢向左轉行。如圖
4-1 所示。

2. 左推磨掌沿圈線走轉到北面左腳在前時停步。
上身向左擰腰姿勢不變。右腳沿圈線上前一步，腳尖
內扣成正八字步，繼而向左轉身，左掌外旋使掌心向
上，用大拇指側腕部向左後方橫掛；同時右掌亦微外
旋使掌心向上，眼看左手，如圖 4-2 所示。

圖 4-3

3. 上動不停，右腳不動，左腳外擺，身向左轉；
繼而右腳沿圈線向前上一步；同時右掌向前向上從左
臂肘下穿出，掌指向前方成側立掌；而左掌亦同時內
旋翻腕向下，置於右肘下方成側立掌。此時面、胸與
原左推磨勢方向相背，如圖 4-3 所示。

圖 4-4

4. 繼而右腳內扣，左腳沿圈線向後退一步，向左後轉身 180°，同時左手隨轉身勢舒掌，由前向上向左向右劈擊（掌成側立掌），右手在扣右腳時向下經右胯側不停，繼轉身劈掌勢向前置於胸左前，眼看左掌，如圖 4-4 所示。

圖 4-5

　5.上動完成後，左腳微進而外擺，右腳沿圈線向前邁進一步；同時左掌內旋翻腕，右掌向上從左臂肘下向前穿出成側立掌（掌指向前），左掌繼續下落置於右肘下，眼視右掌，如圖 4-5 所示。

圖 4-6

　　6. 繼前勢，右腳內扣，左腳沿圈線向後退一步，
向左轉身 180°；同時左手隨轉身勢舒掌，由前向下向
左向後劈擊（成側立掌），右手自然下落，經右胯側
不停，繼轉身劈身掌勢向前置於胸左前，眼看左掌，
如圖 4-6。

圖 4-7

　　7.上動完成後，左腳微進而外擺，右腳沿圈線向
前邁進一步；同時左掌內旋翻腕，右掌向上從左前臂
下向前穿出成側立掌（掌指向前），左掌繼前下落置
於右肘下，眼視右掌，如圖 4-7 所示。

圖 4-8

　　8. 繼前勢，右腳內扣，左腳沿圈線向後退一步，
向左轉身 180°；同時左手隨轉身勢舒掌，由前向上向
左向後劈擊（成側立掌），右掌自然下落，經右胯側
不停，繼轉身劈掌勢向前置於胸左前，眼看左掌，如
圖 4-8。

圖 4-9

9. 上動完成後，左腳微進外擺，右腳沿圈線向前邁進一步，同時左掌內旋翻腕，右掌向上從左前臂下向前穿出，成側立掌，左掌繼前下落置於右肘下，眼視右掌，如圖 4-9 所示。

圖 4-10

10. 以上連續三劈三穿掌後，於是向右轉腰，右掌隨右轉腰勢向上向右微向下畫弧落於右方（掌心對圓心），沉肩墜肘塌腕，指尖高與鼻齊。而左掌亦隨轉腰勢微內旋置於右肘近處（掌心對圓心），眼隨右掌而視，成右推磨勢，如圖 4-10 所示。

以上動作為左勢，如換右勢則動作與左勢動作對稱，惟方向相反，此略。

二、要點

1. 上步穿掌和退轉身劈掌，要手足齊到，動作協調，六合為一。

2. 上步與退步，均沿圈線，不要出圈。

圖 5-1

3. 剪掌時手臂要圓曲，不可伸直，要沉肩墜肘，力點在小指側掌外緣，劈手與穿手高與鼻齊。

4. 身形的其他要求，參閱第一掌有關部分。

第五掌　順勢掌

一、動作說明

1. 順勢掌由左推磨掌向左轉行，如圖 5-1 所示。

2. 左推磨勢沿圈線走轉到北面左腳在前時停步，上身向左擰腰姿勢不變。右腳沿線向前上一步，腳尖內扣成正八字形步。繼而向左轉身，左掌外旋使掌心

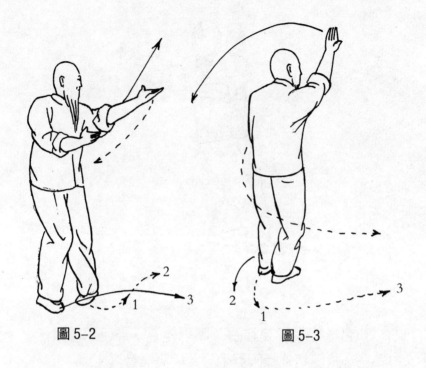

圖 5-2　　　　　　　　　圖 5-3

向上，用大拇指側、腕圈部向左後方橫掛，同時右掌
亦外旋使掌心向上，眼看左手，如圖 5-2 所示。

　　3. 前動不停，左腳微進，右腳沿圈線向前上一大
步，重心移於右腿，屈膝，身下沉，左腳微提懸於右
腳旁成右獨立上穿掌（亦可練為右弓步式上穿掌），
在上右腳的同時左掌內旋向下扣捋（掌心向下），而
右掌從左手下（外邊）向上穿出（掌心向己，高過頭
頂），眼視右掌，如圖 5-3。

圖 5-4

4. 繼上勢，左腳向後微移，腳掌著地，右腳內扣，左腳再向後撤一大步，落於圈線上，向左後轉身（面向圓心），身下沉，重心在右腳成右仆步勢。右掌不變，而左掌向下沿順時針向左腿下插掌（左掌極力內旋使掌心向上），向左伸展，如圖 5-4 所示。

圖 5-5

　5. 繼上勢，繼而重心逐漸移向左腿，成左弓步勢，在重心過渡的同時，左手臂外旋 360°，邊向前翻掌，使掌心向上，而右掌則隨之內旋 360°，使掌心反向上，兩掌都平伸展開，眼注視左手，如圖 5-5 所示。

圖 5-6

6. 繼上勢，轉身同時重心移向右腿成右弓步，兩
掌同時動作，即右掌外旋 360°，左掌內旋 360°，使右
掌掌心正向上，左掌掌心反向上，兩臂平伸展開，眼
注視右掌，如圖 5-6 所示。

圖 5-7

7. 繼上勢，轉身同時重心移向左腿成左弓步，兩
掌同時動作，即左掌外旋 360°，右掌內旋 360°，使左
掌掌心正向上，右掌掌心反向上，兩臂平伸開，眼注
視左掌，如圖 5-7 所示。

圖 5-8

　8.繼上動左弓步伸展勢，左腳微外擺，右腳沿圈
線向前邁進一步；同時左掌邊內旋邊翻腕，右掌則向
上從左前臂肘下向前穿出成側立掌（掌指向前），左
掌繼前下落置於右肋下，眼注視右掌，如圖 5-8 所
示。

圖 5-9

9. 繼上勢，兩腳不動，向右轉腰，右掌隨右轉腰
勢向上向右微向下畫弧落於右方（掌心對圓心），沉
肩墜肘塌腕，指尖約與鼻同高，而左掌亦隨轉腰勢微
內旋置於右肘內側近處（掌心斜向圓心），眼隨右掌
成推磨勢，如圖 5-9 所示。

以上動作的方式，換右勢與左勢相對稱，惟方向
相反。

二、要點

1. 整個動作，都要「吸胯」「收臀」，重心左右
移動時動作要配合協調。

圖 6-1

2. 兩臂左旋右轉要伸展，用腰腿勁，兩臂微伸直仍要保持沉肩墜肘。

3. 身形的其他要求，參閱第一掌有關部分。

第六掌　順步掌

一、動作說明

1. 順步掌由左推磨勢開始，左右轉行，如圖 6-1。

圖 6-2

2. 左推磨勢沿圈線走轉到北面左腳在前時停步。
上身向左擰腰姿勢不變。右腳沿圈線向前上一步，腳
尖內扣成八字步，繼而向左轉身，左掌外旋使掌心向
上，用大拇指側腕部向左後方橫掛。同時右掌亦外
旋，使掌心亦向上，眼看左掌，如圖 6-2 所示。

圖 6-3

3. 前動不停，右腳不動，左腳外擺微進，身向左轉，繼而右腳沿圈線前上一步，同時右掌向前向上從左前臂肘下穿出，掌指向前成側立掌，而左手亦同時內旋翻腕，置於右腕內側（掌心沉於右前臂下），如圖 6-3 所示。

圖 6-4

　　4.繼上勢，右腳內扣，左腳向後方撤一大步，落
於圓線上，同時向左轉身下蹲成低半馬步；同時右掌
順時針方向外轉小圈，作刁拿動作，並隨轉身勢兩手
下捋至右腳面處，眼看兩手，如圖6-4所示。

圖 6-5

5. 繼上動，向左轉腰，重心移向左腿，兩手抓起成左弓步，如圖 6-5 所示。

圖 6-6

6. 繼而右腳向前上一步成雞腿步勢；在向左轉腰的同時，兩手由下向上經小腹向左向上向右各畫一圓形弧圈（手心向圓心）成右推磨勢，如圖 6-6 所示。

以上動作為左勢，如換右勢，則動作與左勢相同對稱，惟方向相反，從略。

二、要點

1. 做下捋的半馬勢動作時要收臀。

2. 轉身下捋要隨後撤步轉身動作，手、身、步法要合一，方為有效。

3. 其餘要點參閱第一章有關部分。

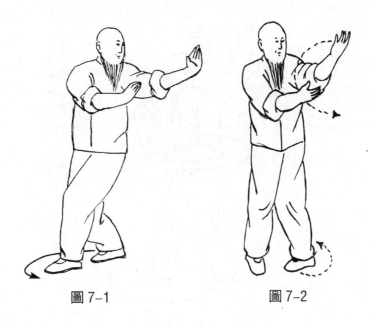

圖 7-1　　　　　　　　圖 7-2

第七掌　下塌掌

一、動作說明

1.由左推磨勢向左轉行，如圖7-1所示。

2.左推磨勢沿圈線走到正北面左腳在前時停步。上身向左擰腰姿勢不變。右腳沿圈線上一步，腳尖內扣成正八字形步，向左轉腰面對圓心，兩掌同時外旋使掌心均向上，右掌置於左肘下，如圖7-2所示。

圖 7-3

3. 上動不停，向左轉身，左腳外擺，右手不動，左掌在左腳極力外擺時，先外旋（掌心向上），繼而向左腋下旋轉（順時針方向，掌心向上），如圖 7-3 所示。

圖 7-4

4.當左掌旋至左胯的左前方時，右腳向左腳的左
側繞上一步，腳尖內扣成錯綜八字步，隨之向左轉腰
（此時面向圈外，背向圓心）；此動不停，左掌繼前
旋轉向上反托（掌心仍朝上，大拇指向左，餘指向
外）；同時重心落於右腿，而右掌從左腋下穿出。繼
而向左轉腰，左肘上抬，頭從左肘下鑽過，而左掌
（掌心朝上）向上向後過頭從左畫圈，繼而面向圓
心，如圖 7-4 所示。

圖 7-5

5. 繼上勢不停，兩掌各自向左右伸展平托（兩掌
心均向上），在兩掌伸展時的同時，左腳微外擺，身
下沉。如圖 7-5 所示。

6. 繼上勢，向左轉身，左腳外擺，左掌在左腳外
擺同時向前向右向左腋下旋轉（掌心始終向上），而
右掌同時收於右腰側；當左掌旋至左胯的左前方時，
右腳向左腳的左側繞上一步，腳尖極力內扣成錯八字
步，隨之向左轉腰（此時面向圈心，背向圓心）；此
動不停，左掌繼續旋轉，向上反托（掌心朝上，大拇
指向左，餘指向外）；同時重心落於右腿，而右掌仍

圖 7-6

掌心向上從左腋下穿出，繼而向左轉腰，左肘上抬，頭從左肘下穿過，而左掌（掌心朝上）向上向後過頭從右向左畫圈，繼而面向圓心，兩掌各自向左右伸展平托（兩掌心均向上），在兩掌伸展的同時，左腳微外擺，身下沉，如圖 7-6 所示。註①

　　7. 按上面的動作再重複做一次，即向左轉身，左腳外擺，左掌在左腳外擺時向前向右向左腋下旋轉（掌心始終向上），而右掌同時收於右腰側。當左掌旋至左胯的左前方時，右腳向左腳的左側繞上一步，腳尖極力內扣成錯綜八字步，隨之向左向轉（此時面

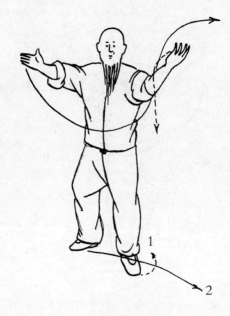

圖 7-7

向圈外，背向圓心）；此動不停，左掌繼前旋轉向上
反托（掌心朝上，大拇指向左，餘指向外）；同時重
心落於右腿，而右掌（掌心朝上）從左腋下穿出，繼
而向左轉腰，左肘上抬，頭從左肘下鑽過，而左掌
（掌心朝上）向上向後過頭從右向左畫圈，繼而面向
圓心，兩掌各自向左右伸展平托（兩掌心均向上）在
兩掌伸展的同時，左腳微向外擺，身下沉，如圖 7-7
所示。註①

圖 7–8   圖 7–9

8. 繼上動，左腳微外擺，右腳沿圈線向前上邁一步，同時左掌內旋翻腕，右掌隨上右步勢從左臂肘下向前方穿掌，成側立掌（掌指對前方），左掌繼前下落，置於右肘下近處眼看右掌，如圖 7–8 所示。

9. 繼前動，向右轉腰，右掌隨右轉腰勢向上向右微向下畫弧落於右方（掌心對圓心），沉肩墜肘塌腕，指尖約與鼻同高。而左掌亦隨轉腰勢微內旋置於右肘內側近處（掌心斜對圓心），眼隨右掌成右推磨勢，如圖 7–9 所示。

以上動作為左勢，如換右勢，則動作相同對稱，

惟方向相反，此略。

二、要點

1. 左掌旋轉運動時，掌心終始向上，兩臂左右伸展時，要圓曲，不可伸直，保持沉肩墜肘。

2. 右腳繞於左腳外側時，要極力內扣，右腳繞弧約 270°，兩膝相攏。

3. 連續三個旋轉伸展平托動作腳步都是沿圈線，不可出界。

4. 運動時，手、腳、身體、身形都要協調一致，其餘要求參閱第一掌有關部分。

註①：圖 7-3，圖 7-4，圖 7-5 的動作線路是下塌掌主體動作軌跡的分解圖，在以後圖 7-6，圖 7-7，重複動作時僅採用一幅連續線路如圖 7-5 所示。

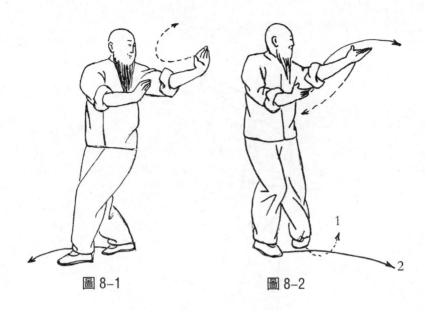

圖 8-1   圖 8-2

第八掌　平穿掌

一、動作說明

1. 平穿掌，由左推磨勢向左轉行，如圖 8-1 所示。

2. 左推磨勢沿圈線走轉到北面，左腳在前時停步。上身向左擰腰姿勢不變。右腳沿圈線向前上一步，腳尖內扣成正八字步；繼而向左轉身，左掌外旋（掌心向上）用大拇指側、腕部向左後方橫掛，同時右掌亦微外旋使掌心向上，眼看左手。如圖 8-2 所示。

圖 8-3

3. 上動不停，右腳不動，左腳外擺，身向左轉；
繼而右腳沿圈線向前直上一步，同時右掌向前從左前
臂肘下俯掌穿出（掌指向前，掌心向下），而左掌亦
同時內旋翻腕下落，置於右肘下方成側俯掌；此為右
穿掌勢（面與胸與原左推磨勢方向相背）。如圖 8-3
所示。

圖 8-4

4. 繼上動，左腳微外擺，右腳沿圈線向前上扣一步，同時左掌向前向上從右前臂肘下俯掌穿出（掌指向前，掌心向下），而右掌亦同時內旋翻腕下落，置於左肘下方成側立掌，此又為左穿掌勢。如圖 8-4 所示。

圖 8-5

5. 繼上動，左腳微外擺，右腳沿圈線向前上一
步。同時右掌向前向上從左前臂肘下俯掌穿出（掌指
向前，掌心向下），而左掌亦同時內旋翻腕下落，置
於右肘下方，成側俯掌，此又為右穿掌式。如圖 8-5
所示。

圖 8-6

6.繼上動，右腳內轉極力扣步，同時右掌邊內旋邊收回至右肋側部（掌心向下），向左後轉身，左腳隨左後轉身勢沿圈線向左後方邁出一步；在轉身上步的同時，左手順腹向下向左側向上反撩（力點在掌外緣小指側），高約與下頦齊。如圖8-6所示。

圖 8-7

　　7. 上動不停，右腳向前邁一步，同時左掌先外旋
90°，繼而內旋翻腕，而右掌從左前臂肘下向前穿出成
側立掌（掌指向前），左掌繼續下落，置於右肘下
方，眼隨右掌。圖8-7所示。

圖 8-8

8. 繼前動，向右轉腰，右掌隨右轉腰勢向上向右微向下，畫弧落於右方（掌心對圓心），沉肩墜肘塌腕；指尖約與鼻同高，而左掌亦隨轉腰勢微內旋置於右肘近處（掌心斜對圓心），眼隨右掌成右推磨勢。如圖 8-8 所示。

以上動作為左勢，如換右勢則動作相同對稱，惟方向相反，此略。

二、要點

1. 連續三個（左、右、左）穿掌，都是沿圈線上進行的，但亦可以練成向前直穿，熟練後可不拘形式。

2. 穿掌、撩掌等動作，手臂均不伸得太直，要沉肩墜肘；穿掌時力點在指尖。

3. 整個動作，如上步擺步和穿掌撩掌等動作，都須動作清楚而協調，並發力整齊。

4. 其餘要求可參閱第一掌有關部分。

收　勢

身體左轉，退右步至左腳旁，同時兩手向兩側分開，掌心向上，由下至上，舉至前上方，掌心向前，兩臂下落至身體兩側（以上各掌均以此方法收勢）。

大展出版社有限公司
品 冠 文 化 出 版 社　圖書目錄

地址：台北市北投區(石牌)　電話：(02) 28236031
　　　致遠一路二段 12 巷 1 號　　　　 28236033
郵撥：01669551＜大展＞　傳真：(02) 28272069

・少年偵探・品冠編號 66

1. 怪盜二十面相	（精）	江戶川亂步著	特價 189 元
2. 少年偵探團	（精）	江戶川亂步著	特價 189 元
3. 妖怪博士	（精）	江戶川亂步著	特價 189 元
4. 大金塊	（精）	江戶川亂步著	特價 230 元
5. 青銅魔人	（精）	江戶川亂步著	特價 230 元
6. 地底魔術王	（精）	江戶川亂步著	特價 230 元
7. 透明怪人	（精）	江戶川亂步著	特價 230 元
8. 怪人四十面相	（精）	江戶川亂步著	特價 230 元
9. 宇宙怪人	（精）	江戶川亂步著	特價 230 元
10. 恐怖的鐵塔王國	（精）	江戶川亂步著	特價 230 元
11. 灰色巨人	（精）	江戶川亂步著	特價 230 元
12. 海底魔術師	（精）	江戶川亂步著	特價 230 元
13. 黃金豹	（精）	江戶川亂步著	特價 230 元
14. 魔法博士	（精）	江戶川亂步著	特價 230 元
15. 馬戲怪人	（精）	江戶川亂步著	特價 230 元
16. 魔人銅鑼	（精）	江戶川亂步著	特價 230 元
17. 魔法人偶	（精）	江戶川亂步著	特價 230 元
18. 奇面城的秘密	（精）	江戶川亂步著	特價 230 元
19. 夜光人	（精）	江戶川亂步著	
20. 塔上的魔術師	（精）	江戶川亂步著	
21. 鐵人Q	（精）	江戶川亂步著	
22. 假面恐怖王	（精）	江戶川亂步著	
23. 電人M	（精）	江戶川亂步著	
24. 二十面相的詛咒	（精）	江戶川亂步著	
25. 飛天二十面相	（精）	江戶川亂步著	
26. 黃金怪獸	（精）	江戶川亂步著	

・生 活 廣 場・品冠編號 61・

1. 366 天誕生星	李芳黛譯	280 元
2. 366 天誕生花與誕生石	李芳黛譯	280 元

・女醫師系列・ 品冠編號 62

・傳統民俗療法・ 品冠編號 63

・彩色圖解保健・品冠編號 64

1. 瘦身　　　　　　　　　　　主婦之友社　300 元
2. 腰痛　　　　　　　　　　　主婦之友社　300 元
3. 肩膀痠痛　　　　　　　　　主婦之友社　300 元
4. 腰、膝、腳的疼痛　　　　　主婦之友社　300 元
5. 壓力、精神疲勞　　　　　　主婦之友社　300 元
6. 眼睛疲勞、視力減退　　　　主婦之友社　300 元

・心 想 事 成・品冠編號 65

1. 魔法愛情點心　　　　　　　結城莫拉著　120 元
2. 可愛手工飾品　　　　　　　結城莫拉著　120 元
3. 可愛打扮 & 髮型　　　　　結城莫拉著　120 元
4. 撲克牌算命　　　　　　　　結城莫拉著　120 元

・熱 門 新 知・品冠編號 67

1. 圖解基因與 DNA　（精）　中原英臣 主編　230 元

法律專欄連載・大展編號 58

台大法學院　　　　法律學系／策劃
　　　　　　　　　　法律服務社／編著

1. 別讓您的權利睡著了(1)　　　　　　　　200 元
2. 別讓您的權利睡著了(2)　　　　　　　　200 元

・名 師 出 高 徒・大展編號 111

1. 武術基本功與基本動作　　　劉玉萍編著　200 元
2. 長拳入門與精進　　　　　　吳彬　等著　220 元
3. 劍術刀術入門與精進　　　　楊柏龍等著　220 元
4. 棍術、槍術入門與精進　　　邱丕相編著　220 元
5. 南拳入門與精進　　　　　　朱瑞琪編著　220 元
6. 散手入門與精進　　　　　　張　山等著　220 元
7. 太極拳入門與精進　　　　　李德印編著　280 元
8. 太極推手入門與精進　　　　田金龍編著　220 元

・實 用 武 術 技 擊・大展編號 112

1. 實用自衛拳法　　　　　　　溫佐惠著　250 元
2. 搏擊術精選　　　　　　　　陳清山等著　220 元

4

・原地太極拳系列・大展編號 11

・道 學 文 化・大展編號 12

・易 學 智 慧・大展編號 122

11. 性格測驗　敲開內心玄機　　　　淺野八郎著　140元
12. 性格測驗　透視你的未來　　　　淺野八郎著　160元
13. 血型與你的一生　　　　　　　　淺野八郎著　160元
14. 趣味推理遊戲　　　　　　　　　淺野八郎著　160元
15. 行為語言解析　　　　　　　　　淺野八郎著　160元

·婦 幼 天 地· 大展編號 16

1. 八萬人減肥成果　　　　　　　　黃靜香譯　180元
2. 三分鐘減肥體操　　　　　　　　楊鴻儒譯　150元
3. 窈窕淑女美髮秘訣　　　　　　　柯素娥譯　130元
4. 使妳更迷人　　　　　　　　　　成　玉譯　130元
5. 女性的更年期　　　　　　　　　官舒妍編譯　160元
6. 胎內育兒法　　　　　　　　　　李玉瓊編譯　150元
7. 早產兒袋鼠式護理　　　　　　　唐岱蘭譯　200元
8. 初次懷孕與生產　　　　　　　　婦幼天地編譯組　180元
9. 初次育兒12個月　　　　　　　　婦幼天地編譯組　180元
10. 斷乳食與幼兒食　　　　　　　　婦幼天地編譯組　180元
11. 培養幼兒能力與性向　　　　　　婦幼天地編譯組　180元
12. 培養幼兒創造力的玩具與遊戲　　婦幼天地編譯組　180元
13. 幼兒的症狀與疾病　　　　　　　婦幼天地編譯組　180元
14. 腿部苗條健美法　　　　　　　　婦幼天地編譯組　180元
15. 女性腰痛別忽視　　　　　　　　婦幼天地編譯組　150元
16. 舒展身心體操術　　　　　　　　李玉瓊編譯　130元
17. 三分鐘臉部體操　　　　　　　　趙薇妮著　160元
18. 生動的笑容表情術　　　　　　　趙薇妮著　160元
19. 心曠神怡減肥法　　　　　　　　川津祐介著　130元
20. 內衣使妳更美麗　　　　　　　　陳玄茹譯　130元
21. 瑜伽美姿美容　　　　　　　　　黃靜香編著　180元
22. 高雅女性裝扮學　　　　　　　　陳珮玲譯　180元
23. 蠶糞肌膚美顏法　　　　　　　　梨秀子著　160元
24. 認識妳的身體　　　　　　　　　李玉瓊譯　160元
25. 產後恢復苗條體態　　　　　　　居理安·芙萊喬著　200元
26. 正確護髮美容法　　　　　　　　山崎伊久江著　180元
27. 安琪拉美姿養生學　　　　　　　安琪拉蘭斯博瑞著　180元
28. 女體性醫學剖析　　　　　　　　增田豐著　220元
29. 懷孕與生產剖析　　　　　　　　岡部綾子著　180元
30. 斷奶後的健康育兒　　　　　　　東城百合子著　220元
31. 引出孩子幹勁的責罵藝術　　　　多湖輝著　170元
32. 培養孩子獨立的藝術　　　　　　多湖輝著　170元
33. 子宮肌瘤與卵巢囊腫　　　　　　陳秀琳編著　180元
34. 下半身減肥法　　　　　　　　　納他夏·史達賓著　180元
35. 女性自然美容法　　　　　　　　吳雅菁編著　180元
36. 再也不發胖　　　　　　　　　　池園悅太郎著　170元

7

・青 春 天 地・大展編號 17

・健 康 天 地・ 大展編號 18

・實用女性學講座・ 大展編號 19

・校園系列・ 大展編號 20

國家圖書館出版品預行編目資料

梁派八卦掌（老八掌）／李子鳴遺著　裴錫榮整理
　　──初版，──臺北市，大展，2003 年〔民 92〕
　　面；21 公分，──（中華傳統武術；3）
　　ISBN　957-468-184-x　（平裝）

1. 拳術─中國
528.972　　　　　　　　　　　　91021217

北京人民體育出版社授權中文繁體字版
【版權所有・翻印必究】

梁派八卦掌（老八掌）　　　　ISBN 957-468-184-x

著　　者／李 子 鳴
整　　理／裴 錫 榮
發 行 人／蔡 森 明
出 版 者／大展出版社有限公司
社　　址／台北市北投區（石牌）致遠一路 2 段 12 巷 1 號
電　　話／（02）28236031・28236033・28233123
傳　　眞／（02）28272069
郵政劃撥／01669551
E‒mail／dah_jaan@yahoo.com.tw
登 記 證／局版臺業字第 2171 號
承 印 者／高星印刷品行
裝　　訂／協億印製廠股份有限公司
排 版 者／弘益電腦排版有限公司
初版 1 刷／2003 年（民 92 年）1 月

定價／220 元

●本書若有破損、缺頁敬請寄回本社更換●

大展好書　好書大展

品嘗好書　冠群可期